ガイドブック 日本語文法史

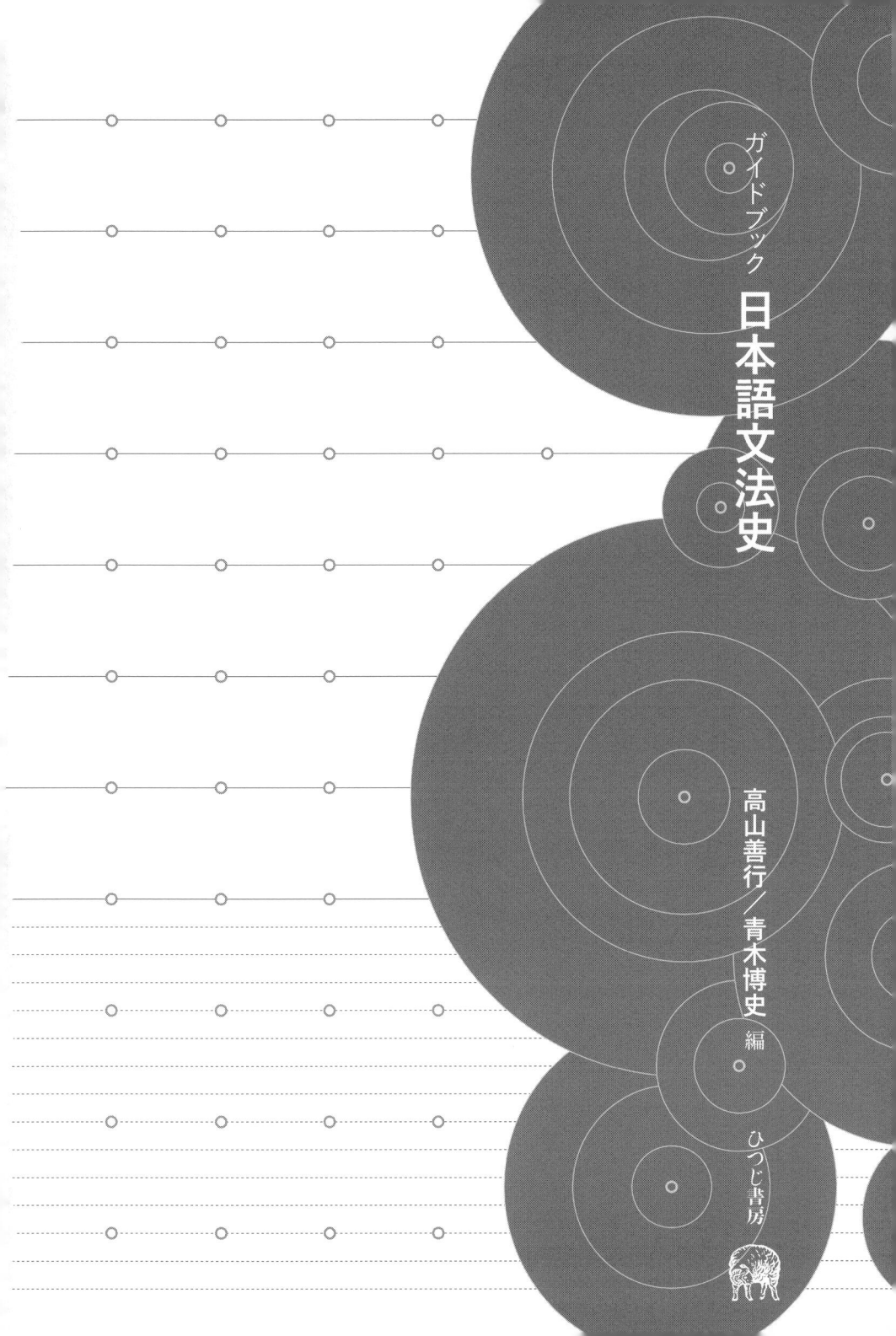

高山善行／青木博史 編

ひつじ書房

はじめに —日本語文法史への招待—

1. 本書の構成

　ことばは時の流れとともに変化していきます。文法も時代とともに移り変わっていきます。文法は人の思考・認識を反映します。文法の歴史は、人々の思考・認識の歴史ということができます。日本語学では文法の歴史を**文法史**と呼んでいます。

　「文法史」と聞くと、高校で習う古典文法をイメージするかもしれません。古典文法は教育の場では有用ですが、現在の研究レベルを反映しているとはいえません。文法史の研究は日々進展しています。とりわけ1980年代以降、現代語研究の活性化に連動した新しい研究の波が起こり、優れた成果が発表されています。本書では、最新の研究成果を踏まえて、文法史の基本テーマについて解説しています。本書をお読みいただければ、文法史の要点を容易に理解することができます。

　本書では、現代語研究の枠組みをもとに章を立てています。たとえば、「ヴォイス」「アスペクト・テンス」「モダリティ」「とりたて」などです。これらは、現代語文法ではおなじみのテーマです。もちろん、「係り結び」「活用」「待遇表現」など、伝統的な国語学のテーマも扱っています。文の意味的タイプの解説にあたっては、山田文法の考え方を積極的に活用しました。「談話・テクスト」「文法史と方言」の章は、古典文学や方言との橋渡しとなるでしょう。

　各章の解説は、中古語(平安時代語)をベースにしています。文法の歴史的変化については、各章の「**史的変遷のポイント**」をお読み下さい。「**研究テーマ**」では、その章で取り上げたテーマについて、研究の流れ・今後の課題を示しました。さらに、巻末付録として、「**資料解説**」「**用例収集法**」「**文献ガイド**」を設けています。演習の発表やレポート・卒業論文の作成にお役立て下さい。

2. 日本語史の時代区分

　日本語の歴史を**日本語史**(国語史)と呼びます。文法史は日本語史の一部分です。日本語史では、日本語の歴史を客観的に観察するために時代区分を行っています。様々な区分法がありますが、ここでは**二分法**と**六分法**について説明しましょう(→図参照)。二分法では、日本語を大きく「古代語」と「近代語」に分けます。この方法は、日本語史を大まかに捉える場合に便利です。一方、六分法では、「上代語(〜794年)」「中古語(794年〜1185年)」「中世語(1185年〜1603年)」「近世語(1603年〜1868年)」「近代語(1868年〜1945年)」「現代語(1945年〜)」に区分します。ことばは徐々に変化していくものなので、厳密に変化の境界線を引くことはできません。そこで、政治史の時代区分を利用しているわけです。本書では、説明する内容に応じて、二分法・六分法を使い分けることにします。

　それぞれの時代の言語の状態を知るためには、時代ごとに資料を用います。文法史を見ていく場合に利用するのは、ほとんどが文献資料です。各時代において、どのような資料が活用できるかについては、巻末付録の「**資料解説**」を御覧下さい。

日本語史の時代区分

六　分　法	二　分　法
上代語（奈良時代およびそれ以前：〜794年）	古代語
中古語（平安時代：794年〜1185年）	
中世語（鎌倉・室町時代：1185年〜1603年）	近代語
近世語（江戸時代：1603年〜1868年）	
近代語（明治・大正・昭和前期：1868年〜1945年）	
現代語（昭和後期・平成：1945年〜）	

3. 文法史の捉え方

　文法史にかかわる諸現象を観察するときには、以下の二つの方法を用います。一つは、**時間の流れに沿って文法現象の変化を観察する方法**(**通時論**)です。たとえば、現代語で過去を表す「た」(「雨が降った」)は、"テアリ→タリ→タ"のように変化した結果、できたものです。これは時間の流れに沿ってことばの変化を捉えています。もう一つは、**特定の時期の文法現象を観察する方法**(**共時論**)です。たとえば、現代語では存在を表す動詞として、「ある」「いる」を使い分けています。おおよそ、主語が非生物の場合は「ある」(例「本がある」)、生物の場合は「いる」(例「猫がいる」)を使います。これは特定時期の状態を観察する捉え方です。文法史では、**変化**を縦軸に**状態**を横軸にして、その網の目の中に文法現象を位置づけていきます。

　さらに、ある時代の言語の状態を別の時代の状態と対照させる方法(「**史的対照**」)もあります。たとえば、中古語と現代語を対照させることが可能です。この方法は、ある言語体系を別の言語体系と対照させる、対照研究(「日本語と英語の対照」など)と似ています。

　本書では、これらの方法をもとに文法史の諸現象を解説していきます。

4. 現代語と古典語

　現代語はわれわれにとって最も身近なことばです。本書では、古典語の現象を扱うとき、できるだけ現代語と関連づけて説明するようにしました。同じ日本語であっても、現代語と古典語とでは性格が違います。『源氏物語』などの古典作品の原文を対応する現代語訳と比較してみれば、その違いが実感できるでしょう。しかし一方で、現代と古代とは時間的につながっています。現代語と古典語では、違いよりも共通する部分の方が多いのです。表面的な違いに捉われるのではなく、現代語と古典語とに通底する共通性を見ておくことが重要です。

　ただし、研究方法については現代語と古典語で大きく異なります。現代語

は自分自身で文の適格性が判断できるので、作例によって多様な文を創り出すことができます。新聞・小説など、言語量の大きいコーパス (corpus) を利用することも可能です。現代語では文法現象を理論的に深いところまで探ることができるわけです。

一方、古典語は、限られた資料（多くは文献資料）から用例を調査・収集し、ターゲットとする時代の言語体系を**再構** (reconstruction) していかなければなりません。現代語と違って、研究方法に制約があるのです。本書の章立てが現代語研究の枠組みに基づいているのは、現代語研究の理論的な面を古典語研究に積極的に取り入れたいと考えるからです。本書では、現代語研究と古典語研究の橋渡しを試みています。

5. 読者の皆様へ

本書は、大学の学部生、大学院生を対象としたテキストとして編んだものですが、その他の幅広い読者のニーズにお応えできると思っています。たとえば、以下のような読者を想定しています。

- ●国語教育
    - ⇒ 高校の古典文法の段階から一歩進んだ、研究レベルの文法を学びたい。教員採用試験に役立てたい。
- ●古典文学
    - ⇒ 研究レベルの文法の知識をもとに、古典作品の解釈・分析を行いたい。
- ●日本語教育
    - ⇒ 日本語史や文法の基本知識をマスターしたい。日本語教育試験に役立てたい。
- ●現代語研究
    - ⇒ 現代語が形成されていくプロセスを知りたい。現代語を古典語と対照させて相対的に捉えたい。

●日本語史研究・言語学研究
　　⇒　文法史研究の現状・課題を知りたい。テーマごとに参考文献などの情報を知りたい。

　本書の執筆は、この分野で実績を積んだ 8 名の研究者が担当しています。執筆者のあいだで議論を重ね、初心者や専門外の読者に対して、わかりやすく解説するよう心がけました。読者の理解を助けるために、古典語例文には現代語訳を付しています。

　文法史の世界には、他では味わうことのできない面白さがあります。たとえば、古典語の文章を通して、時代を生きた人々の思考・認識に触れることができます。日本語の語彙・文体・方言などの分野との連携、古典文学や他言語の研究との連携も可能です。文法史は様々な学問分野にリンクし、知のネットワークを広げています。本書によって、文法史の面白さを感じ取っていただければ、執筆者一同これにまさる喜びはありません。

2010 年 4 月
編者

目次

はじめに ... iii
  1. 本書の構成 ... iii
  2. 日本語史の時代区分 ... iv
  3. 文法史の捉え方 ... v
  4. 現代語と古典語 ... v
  5. 読者の皆様へ ... vi

第1章　文の構造・文のタイプ ... 1
  1. 文の構造 ... 2
    1.1　文の組み立て ... 2
    1.2　単文と複文 ... 3
  2. 文のタイプ ... 4
    2.1　文の類型 ... 4
    2.2　喚体句と述体句 ... 7
  コラム1：「春はあけぼの」 ... 12

第2章　活用 ... 13
  1. 活用とは ... 13
  2. 動詞の活用 ... 14
  3. 活用形の機能 ... 15
  4. 形容詞・形容動詞の活用 ... 19
  コラム2：「ふと心劣りとかするものは」 ... 24

第3章　格 ... 25
  1. 格とは ... 25
  2. 主格 ... 26
  3. 対格 ... 27
  4. その他の格 ... 28
  5. 名詞句の関係表示 ... 30

ix

6. 格のまとめ 31

第4章　ヴォイス　35

　　1. ヴォイスとは 35
　　2. 受動 36
　　3. 使役 38
　　4. 自動詞・他動詞 39
　　5. 助動詞「(ら)る」「(さ)す」 40
　　6. 可能 41
　　コラム3：「若菜ぞ今日をば知らせたる」 46

第5章　アスペクト・テンス　47

　　1. アスペクト 47
　　1.1　アスペクトとは 47
　　1.2　変化相（「一ぬ」「一つ」） 48
　　1.3　結果相（「一たり」「一り」） 50
　　1.4　中立相 50
　　1.5　「てゐ（る／た）」のアスペクト形式化 51
　　2. テンス 52
　　2.1　テンスとは 52
　　2.2　確言の述語の無テンス性 53
　　2.3　「き」と「けり」 53
　　2.4　「た」のテンス形式化 54
　　コラム4：「明けん年ぞ五十になりたまひけるを」 58

第6章　モダリティ　59

　　1. モダリティとは 59
　　2. モダリティ形式の意味・用法 60
　　2.1　ム系：「む」「らむ」「けむ」「まし」 60
　　2.2　アリ系：「めり」「終止なり」 62

x

2.3	形容詞系：「べし」「まじ」	63
2.4	特殊系：「じ」	65
3. モダリティ形式の周辺		66
3.1	願望	66
3.2	詠嘆	66
3.3	危惧	67
4. 「む」と「だろう」		67
コラム5：「信濃にあんなる木曽路川」		71

第7章　感動表現・希望表現　73

1. 古代語の終助詞		73
2. 感動喚体句		74
2.1	助詞「か」「かな」「かも」	74
2.2	助詞「や」	74
2.3	助詞「よ」	75
2.4	無助詞の感動喚体句	75
2.5	体言を骨子としない感動喚体句	75
3. 希望喚体句		77
3.1	「もが」による希望喚体句	77
3.2	「てしか」「にしか」による希望表現	78
3.3	「な」「ね」「ばや」「なむ」による希望表現	78

第8章　係り結び　83

1. 係り結びとは		83
2. 強調の係り結び		84
2.1	「ぞ」	84
2.2	「なむ」	85
2.3	「こそ」	85
3. 疑問の係り結び		86
3.1	「か」	86

目次　xi

3.2 「や」	87
コラム6:「石を誰見き」	92

第9章　とりたて　93

1. 副助詞とは	93
2. 統語的特徴による分類	95
3. 副助詞の意味	96
3.1 「ばかり」と「まで」	96
3.2 「のみ」と「さへ」	97
3.3 「だに」と「すら」	98
3.4 「など」	99
3.5 副助詞の体系	100
4. 古代語の副助詞と近代語の副助詞	100
4.1 単数的副助詞と複数的副助詞	100
4.2 「しか」の出現	101

第10章　準体句　105

1. 準体句とは	106
2. 準体句の変遷	108
3. 関連する文法現象	109
3.1 係り結びの成立	109
3.2 「連体なり」	110
3.3 主格助詞「が」の成立	110
3.4 格助詞から接続助詞へ	112
コラム7:「いとやむごとなき際にはあらぬが」	117

第11章　条件表現　119

1. 条件表現とは	120
2. 条件表現の実態	120
2.1 「未然ば」	120

2.2 「已然ば」	122
2.3 「ども」	123
2.4 「とも」	124
3. 「已然ば」による節の仮定条件化	124
4. 接続助詞「たら」「なら」の成立	126
4.1 「たら」の成立	126
4.2 「なら」の成立	126

第12章　待遇表現　131

1. 待遇表現とは	131
2. 尊敬語	132
2.1 尊敬の本動詞	132
2.2 尊敬の助動詞・補助動詞	133
3. 謙譲語	134
3.1 謙譲の本動詞	134
3.2 謙譲の補助動詞	135
4. 丁寧語	136
4.1 古代語における丁寧語	136
4.2 中世後期以降の丁寧語	137
5. 古代語と近代語の待遇表現	137
5.1 絶対敬語と相対敬語	138
5.2 自敬敬語と二方面敬語	138

第13章　ダイクシス　143

1. ダイクシスとは	143
2. 指示詞	144
2.1 指示詞とは	144
2.2 指示代名詞	145
3. 移動動詞	148
4. 授受表現	148

5. 人称代名詞 149

第14章　談話・テクスト 155
1. 談話・テクストとは 155
2. 談話 156
3. テクストの構造 158
 3.1　額縁構造とは 158
 3.2　テクストと文のタイプ 160
4. 接続詞 161

第15章　文法史と方言 167
1. 存在表現 167
 1.1　文献から見る歴史 167
 1.2　方言との関係 169
2. 授受表現 171
 2.1　文献から見る歴史 172
 2.2　方言との関係 173
3. 文法化 174

資料解説 179
用例収集法 184
文献ガイド 187
出典略称一覧 193

索引 195

執筆者紹介 199

第1章
文の構造・文のタイプ

　文には構造的な側面と意味的な側面とがあります。前者は、「文がどのように組み立てられているか」、後者は「文がどのような意味を表しているか」という側面です。この章では、前半で文の構造について、後半で文の意味的タイプについて解説します。

基本例
a. 【主語】年の内に春は来にけり（古今・1）
　　〔年内に春がやってきたよ〕
b. 【修飾語】かきつばたいとおもしろく咲きたり。（伊勢・9段）
　　〔かきつばたが、たいそう趣あるように咲いている。〕
c. 【複文】いと幼ければ、籠に入れて養ふ。（竹取・かぐや姫の生ひ立ち）
　　〔たいそう幼いので、籠の中に入れて育てている。〕
d. 【平叙文】我が宿は道も無きまで荒れにけり（古今・770）
　　〔私の家は道も分からないほど荒れてしまった〕
e. 【疑問文】花の散ることやわびしき（古今・108）
　　〔花の散るのが辛いのか〕
f. 【感動文】花の色は移りにけりな（古今・103）
　　〔花の色はあせてしまったなあ〕
g. 【命令文】声のかぎりは我が宿に鳴け（古今・151）
　　〔声の続く限り我が家で鳴いてくれ〕

KEYWORDS：主語、述語、単文、複文、平叙文、疑問文、感動文、命令文、喚体句、述体句

1. 文の構造

1.1 文の組み立て

　文はいくつかの構成要素によって形づくられている。文を形成する要素を文の成分という。文の成分には、述語、主語、補語、修飾語がある。

（a）　述語

　述語は文の中核的存在であり、他の成分は述語に従属している。述語は品詞によって、名詞述語、形容詞述語、動詞述語にタイプ分けされる。

（1）　我は人なり。［名詞述語］
（2）　山高し。［形容詞述語］
（3）　人歩く。［動詞述語］

（b）　主語

　主語は、述語が表す動きや状態の主体となる成分である。

（4）　昔、**男**ありけり。（伊勢・5段）
（5）　**御局**は桐壺なり。（源氏・桐壺）

（c）　補語

　述語の意味を補う要素を補語という。補語には、述語に対してより必須的なもの（＝必須的補語）と必須性が低いもの（＝副次的補語）とがある。（6）で、述語「出す」にとって「舟を」は必須的補語であるが、それに比して「暁に」は必須度が低く、副次的補語といえる。

（6）　暁に　　舟を　　出す。
　　　副次的補語　必須的補語　述語

（d） **修飾語**
　事態表現を修飾・限定する働きをもつ要素を**修飾語**という。述語を修飾するものを**連用修飾語**、名詞を修飾するものを**連体修飾語**という。

（7）　いと<u>おもしろく</u>咲きたり。（伊勢・9段）
　　　　　　連用修飾語
（8）　<u>打ちいづる</u>波（古今・12）
　　　　連体修飾語

　なお、連体修飾語に後接する名詞を**主名詞**（被修飾名詞）と呼ぶ。

1.2　単文と複文

（a）　**単文・複文とは**
　一つの述語からなる文を**単文**という。それに対して複数の述語から構成される文を**複文**という。

（9）　【単文】潮みちぬ。（土佐・12月27日）
　　　　〔潮が満ちて来た。〕
（10）　【複文】あすさへ降らば、若菜つみてむ（古今・20）
　　　　〔（春雨が）明日も降ったら、若菜を摘もう〕

　述語を含むまとまりを**節**（clause）という。複文は複数の節で形成される。節には**主節**（main clause）と**従属節**（subordinate clause）がある。主節は文の末尾にある述部を含むもので、どの節にも従属しない。主節に従属するのが従属節である。

（b）　**節のタイプ**
　節には、名詞節、連体節（関係節）、連用節（副詞節）といったタイプがある。

名詞節は、節全体が名詞の働きをするものである（→第10章）。

(11)　［手叩けば山彦の答ふる］、いとうるさし。（源氏・夕顔）
　　　〔手を叩くと、こだまの返ってくるのがひどくやかましい。〕
(12)　［風の吹くこと］やまねば、岸の波立ち返る。（土佐・2月3日）
　　　〔風が吹くのが止まないので、岸の波が浜辺に寄せては返している。〕

　連体節（関係節）は、名詞を限定・修飾する節である。

(13)　［男の着たりける］狩衣（伊勢・初段）
(14)　［朝に死に、夕べに生まるる］習ひ（方丈・1）
　　　〔朝に死に、夕に生まれるという習い〕

　連用節（副詞節）は、述語や主節全体を修飾する節であり、狭義の従属節である。

(15)　［命長ければ］、辱多し。（徒然・7段）
(16)　［籠に入れて］養ふ。（竹取・かぐや姫の生ひ立ち）

　「節」という単位は現代語研究では一般的であるが、伝統的な国語学では「句」と呼ばれることが多い。

2. 文のタイプ

2.1　文の類型

　ここでは、平叙文、疑問文、感嘆文、命令文に分けて、古代語の文のタイプを解説する。さらに古代語の文を見ていく際、有効な視点となる喚体句・述体句についても解説する。

（a）　平叙文

　平叙文とは、叙述される内容を話し手の判断の結果として伝達する文である。古代語の平叙文には、現代語と同じく肯定の文、否定の文、推量や伝聞などによる文が含まれるが、さらにいくつかの類型に分けることができる。

(17) 【終止形終止】都は野べの若菜つみけり（古今・19）
　　〔都ではもう春の野辺で若菜を摘んでいるよ〕
(18) 【係り結び】月影ばかりぞ八重葎にも障らずさし入りたる。

　　　　　　　　　　　　　　　　　　　　　　　　（源氏・桐壺）

　　〔月光だけが、生い茂った雑草にもさえぎられずに差し込んでいる。〕
(19) 【連体形終止】「その返事は、いかやうにして、出だしつる」
　　「それは、見給へず。異方より、出だし侍りにける」（源氏・浮舟）
　　〔「その返事はどのようにして手渡したのか」「それは見ておりません。別の所から出したのでございます」〕

（b）　疑問文

　疑問文には、「太郎は帰ってきたかい？」のように聞き手に内容の真偽の判定を要求する**真偽疑問文**、「誰が帰ってきたの？」のように、疑問詞で示された部分を具体的に答えるように要求する**疑問詞疑問文**、および、「太郎が帰って来たのか、次郎が帰ってきたのか」のような**選択疑問文**がある。

【真偽疑問文】
(20) 我が寝ぬごとや夜は悲しき（古今・198）
　　〔私が寝られないのと同じように悲しくて泣き明かしているのか〕
(21) 女郎花おのが住む野の花と知らずや（古今・232）
　　〔女郎花が自分の住む野の花とは知らないのか〕

【疑問詞疑問文】
(22) 君ならで誰にか見せむ（古今・38）
　　〔あなたでなくていったい誰に見せたりしようか〕

(23)　「いかなる行き触れに、かからせ給ふぞや。」（源氏・夕顔）
　　　〔「どんな穢れに出会われたのですか。」〕

【選択疑問文】
(24)　ひととせを去年とやいはむ今年とやいはむ（古今・1）
　　　〔この一年を去年と呼ぼうか、今年と呼ぼうか〕
(25)　この男は道にて死にたるか、もしくは重き病を受けたるか。
　　　　　　　　　　　　　　　　　　　　　　（今昔・巻24–11）
　　　〔例の使いの男は途中で死んでしまったのだろうか、あるいは重病になったのだろうか。〕

（c）　感嘆文

感嘆文には、現代語と同じタイプと異なるタイプとがある。

(26)　いかに美しき君の御ざれ心なり。（源氏・乙女）
　　　〔なんとかわいらしい若君の戯れ心であろうか。〕
(27)　月出でにけりな。（源氏・須磨）
　　　〔月がすっかり出ましたね。〕

(26)(27)は、現代語と同様に、平叙文に感動詞を添えたり、文末に詠嘆や感動の終助詞を付けたりして感動を表現している。その他に古代語では、現代語とは異質な感動の表現形式があった（→喚体句　後述）。

（d）　命令文（禁止文を含む）

命令文は現代語と同じく、用言の命令形を用いた。禁止文は現代語よりも形式が豊富であった。現代語と同様「終止形＋な」以外に、「な＋連用形＋そ(ね)」も用いられた。

(28)　散りぬとも香をだに残せ（古今・48）
　　　〔散ってしまうとしてもせめて香だけでも残せ〕

(29)　物思ふ我に声な聞かせそ（古今・145）
　　　〔物思う私に声を聞かせてくれるな〕

「終止形＋な」と「な＋連用形＋そ（ね）」については、使い分けがある。「終止形＋な」がもっぱら未実現の事態が実現することを阻止する意図で用いられるのに対して、「な＋連用形＋そ（ね）」は、既実現事態の中断を求める《制止》にも用いられた。

2.2　喚体句と述体句

　喚体句とは、感動や希求のために用いられた特殊な構文で、文全体が「体言＋助詞」という形をとるものである。平叙文や疑問文は、文内容が正しいかどうかの認め方を問題にする文である。正しいと認めたものが平叙文であり、認め方を決定せず保留したものが疑問文である。このような内容の認め方とは異なる目的を持った表現が、喚体句である。これに対して**述体句**は、文全体が「主語＋述語」という形となる通常の文のことである。喚体句、述体句の「句」は山田（1908）の用語で、「文」とほぼ同じ意味で用いられている。

（a）　喚体句

　喚体句には、**感動喚体句**、**希望喚体句**の二つがある。

◇感動喚体句

(30)　行き過ぎがたき妹が門かな。（源氏・若紫）
　　　〔そのまま素通りはできない妹の門よなあ。〕

　(30)は、「妹が門」が主語相当で「行き過ぎがたし」が述語相当である。したがって、「妹が門、行き過ぎがたし」という平叙文と同じ内容を示して

いる。異なる点は、「連体修飾部＋体言＋助詞」という体言を中心にした形式をとっていることである。
　古代語では、このような形式をとることで感動の対象である「妹が門」に呼びかけ、感動を投げかける心の動きを表現することがある。このように、主語相当と述語相当の要素を完備しながら、話し手の感動を表現するために、あえて体言を中心にした形式をとるものを感動喚体句と呼ぶ。

◇希望喚体句

（31）　わがごとく我を思はむ人もがな（古今・750）
　　　〔私と同様に私のことを思ってくれる人がいればいいな〕

　（31）は、「わがごとく我思はむ人」を希求する内容を示している。現代語では「〜がほしい、があればいいなあ」のように平叙文でしか表現できないが、古代語では、「（連体修飾部）＋体言＋もが（な）」という形で表現することができた。このような形式を希望喚体句と呼ぶ。希望喚体句も、希求対象であるモノの名を呼ぶという体言中心の表現である。
　以上、二つの喚体句は、体言を骨子とし、内容の是非よりも話し手の心の動きを表現することに主眼があり、平叙文や疑問文とは表現として異質である。

（b）　述体句

　平叙文・疑問文・通常の感動文は述体句である。述体句は、文の内容の是非を問題とするための形式であり、喚体句は話し手の心の動きを表明する形式である。同様に、命令文や希望や願望の文も話し手の心の動きを表明するタイプの文である。また、係り結び文は、現代語の平叙文や疑問文と比較すれば、話し手の心的態度を文の形式により強く反映させた文である。
　述体句を**述定形式**と呼び、喚体句などの話し手の心の動きを文の形式に反映させる文を**非述定形式**と呼べば、古代語では現代語に比べて、非述定形式

が豊富である。以上をまとめると、表のようになる。

述体／喚体	文の種類	述定／非述定
述体句	平叙文	述定形式
	疑問文	
	感動の平叙文	
	命令文	非述定形式
	希求願望文	
喚体句	感動喚体句	
	希望喚体句	

■史的変遷のポイント

　古代語では係り結びが活発であり、係り結びによって文における表現上の断続関係が明示されていた。中世期以降、係り結びの衰退とともに、事態の論理的格関係に表現上の重点が置かれるようになった。格助詞による格表示システムの発達はその現れといえる。阪倉（1975）では、こうした変化を表現スタイルの変遷（「開いた表現から閉じた表現へ」）と捉えている。
　このような変化の要因として、社会構造の変化を想定することができる。古代においては、人々は特定のコミュニティ内でのコミュニケーションが日常的であった。ところが、中世期以降、地域、階層を越えた人々のコミュニケーションが盛んに行われるようになった。そこでは、正確な情報伝達が要求され、事態を明確に表現する指向が強まる。その結果、「文中に主観的要素を介入させず、事態そのものをまとめあげる」という、論理性重視の表現スタイルに傾斜していったのである。

■研究テーマ

1) 現代語と古代語の文構造

「文構造をどのように捉えるか」は文法研究の基本的なテーマである。

現代語研究では、文を「命題（言表事態）＋モダリティ（言表態度）」と捉える文構造モデルがよく知られている（→仁田1991、益岡2007）。このモデルは文構造を簡明に図式化したものであり、われわれの直観に合いやすく、日本語教育等の実践の場でも有用である。ただし、このような捉え方に批判的な立場もある。

古代語においても、上記モデルでの文構造の把握は可能であるが、実際の文表現においては命題部分とモダリティ部分とが、現代語ほど截然と分かれていない場合がある（「風吹かむ」など。動詞とモダリティ形式が一体）。また、古代語では叙法副詞が未発達であり、現代語の文構造とは異なる面もある。「古代語の文構造をどのように考えるか」は、今後の研究課題といえよう。

2) 疑問表現の変遷

古代語の豊富な疑問表現形式のそれぞれが、どのように使い分けられていたかについては、研究が蓄積されている。しかしながら、各時代の疑問表現形式全体の相関とその推移に関しては、研究課題として残っている。たとえば中世末に真偽疑問文の文末助詞が「や」から「か」に推移する経過については、解明されていない。さらに「何か」や「誰か」が疑問から不定の表現に変わっていく事情、「いつ来たのか、覚えていない」のような間接疑問文がどのような過程を経て登場したかなど、解明すべき課題は多い。

参考文献
青木博史（2010）『語形成から見た日本語文法史』ひつじ書房
尾上圭介（1982）「文の基本構成・史的展開」『講座日本語学2　文法史』明治書院
尾上圭介（2004）「主語と述語をめぐる文法」『朝倉日本語講座6　文法Ⅱ』朝倉書店
小松英雄（1997）『仮名文の構文原理』笠間書院
近藤泰弘（2000）『日本語記述文法の理論』ひつじ書房

斎藤倫明・大木一夫編（2010）『山田文法の現代的意義』ひつじ書房
阪倉篤義（1975）『文章と表現』角川書店
仁田義雄（1991）『日本語のモダリティと人称』ひつじ書房
ハイコ・ナロック（2005）「言語類型論から見た日本語文法史」『国語と国文学』82–11
益岡隆志（2007）『日本語モダリティ探究』くろしお出版
南不二男（1993）『現代日本語文法の輪郭』大修館書店
森重敏（1971）「文法史の時代区分」『国語学』22
山口堯二（1990）『日本語疑問表現通史』明治書院
山田孝雄（1908）『日本文法論』宝文館

（（（（（（（コラム1:「春はあけぼの」）））））））

　春はあけぼの。やうやう白くなりゆく山ぎは、すこしあかりて、紫だちたる雲の細くたなびきたる。(枕・春はあけぼの)
〔春は、曙。ようやくあたりが白んでゆく山際は少し明るくなって、紫がかった雲が細くたなびいている。〕

　有名な『枕草子』の冒頭部です。ここでは、「春はあけぼの。」という文について考えてみましょう。次の現代語の例文を見てください。

（ⅰ）　ぼくは社長だ。
（ⅱ）　ぼくはウナギだ。（ウナギ丼を注文する意）
（ⅲ）　野球は阪神だ。

　（ⅰ）は普通の名詞述語文ですが、（ⅱ）（ⅲ）のようなタイプの文は、**ウナギ文**と呼ばれています。ウナギ文となるのは、「AはBだ」型の文でA≠Bの場合です。英語と比べると、日本語ではこのタイプの文が多いとされています。
　ウナギ文は古典語にも見られます。それが、先に挙げた「春はあけぼの。」です。この文は「AはB」という構造であり、「春」≠「あけぼの」なので、ウナギ文と言えます。従来、この文をめぐっては、「春はあけぼの、いとをかし。」で「いとをかし」が省略されているという解釈がありました。また、「春はあけぼのなり。」の「なり」（断定の助動詞）が省略されているとする解釈もあります。両者ともに、文として整った感じはしますが、現代語の感覚を古典語に押しつけた印象を拭い去ることができません。省略を安易に想定するのではなく、まずは原文をありのままに受け入れて、「AはB」という文の構造を素直に捉えるべきではないでしょうか。
　なお、ウナギ文をめぐっては、池上嘉彦『日本語と日本語論』（ちくま学芸文庫、2007）で、'I'm fish.' をめぐる面白いエピソードが紹介されています。

第2章
活用

　単語が文法機能を果たす際の語形変化を「活用」と呼びます。この章では動詞の活用を中心に見ていきます。まず動詞の活用型、活用形の機能について解説します。さらに、体系的変化として、連体形終止形の同一化、二段活用の一段化についても解説を加えます。形容詞、形容動詞の活用にも触れます。

基本例
a. 【終止形終止】「書きそこなひつ」と恥ぢて隠し給ふを、(源氏・若紫)
　〔「書き損ねた」と恥ずかしがってお隠しになるのを、〕
b. 【連体形終止】「雀の子を犬君が逃がしつる。」(源氏・若紫)
　〔雀の子を犬君が逃がしてしまったの。〕
c. 【二段活用】裸身(はだかみ)をむつくりと、抱いて寝たいと褒(ほ)むるもあり。
　　　　　　　　　　　　　　　　　　　　(鑓(やり)の権三重帷子(ごんざかさねかたびら))
　〔裸の体をむっくりと抱いて寝たい」と褒める者もいる。〕
d. 【一段活用】親の子を褒めるはいやらしけれど、(鑓の権三重帷子)
　〔親がわが子を褒めるのはいやらしいけれど、〕

KEYWORDS：活用形の機能、連体形終止形の同一化、二段活用の一段化

1. 活用とは

　動詞・形容詞・形容動詞さらに助動詞が一定の文法的機能をはたす際の語形変化を活用と呼び、これらを活用語と呼ぶ。ただし、名詞の「雨(あめ)」と「雨戸(あまど)」、「風(かぜ)」と「風上(かざかみ)」との対応における e–a

の規則的な交代にも、一般の活用との等質性を見出すことができる。こうした交代は活用の成立の問題とも深くかかわる現象であるが、ここでは名詞のこのような語形変化は活用に含めない。

2. 動詞の活用

　平安時代には、四段・ラ行変格・上一段・上二段・下一段・下二段・ナ行変格・カ行変格・サ行変格活用の九種の**活用型**がある。

種類	例語	未然形	連用形	終止形	連体形	已然形	命令形
四段	咲く	さか sak-a	さき sak-i	さく sak-u	さく sak-u	さけ sak-e	さけ sak-e
ラ変	あり	あら ar-a	あり ar-i	あり ar-i	ある ar-u	あれ ar-e	あれ ar-e
上一段	着る	き ki	き ki	きる ki-ru	きる ki-ru	きれ ki-re	きよ ki-yo
上二段	過ぐ	すぎ sug-i	すぎ sug-i	すぐ sug-u	すぐる sug-uru	すぐれ sug-ure	すぎよ sug-iyo
下一段	蹴る	け ke	け ke	ける ke-ru	ける ke-ru	けれ ke-re	けよ ke-yo
下二段	受く	うけ uk-e	うけ uk-e	うく uk-u	うくる uk-uru	うくれ uk-ure	うけよ uk-eyo
ナ変	死ぬ	しな sin-a	しに sin-i	しぬ sin-u	しぬる sin-uru	しぬれ sin-ure	しね sin-e
カ変	来	こ k-o	き k-i	く k-u	くる k-uru	くれ k-ure	こ（よ） k-o (yo)
サ変	為	せ s-e	し s-i	す s-u	する s-uru	すれ s-ure	せよ s-eyo

　現代語では、「書いて」「切って」「読んで」など、音便形が規則的に現れるが、古典語の場合、義務的に現れるわけではない。
　四段とラ変のように母音交代型のものを**強活用**、上一段・上二段・下一段・下二段のように「ru」「re」が接するものを**弱活用**と呼ぶ。ナ変・カ変・

14

サ変は両者の**混合活用**である。強活用と弱活用との対立はヴォイスの対立とも関連する(→第4章第2節)。

上一段活用は、「見る」「煮る」「居る」など、複合動詞以外は「ru」「re」の前接部分がすべて一音節である。また、下一段活用は「蹴る」一語であるが、上代では二段活用であった可能性が高い。動詞の終止形は基本的にウ段であるが、ラ変のみイ段である。ラ変は存在を表すものに限られ、動きを表すものではない。この点は形容詞終止形がイ段であることと関連がある(→第10章「研究テーマ」)。

3. 活用形の機能

動詞を中心に活用形の機能を見ていく。動詞活用形は単独で機能するとともに、助動詞・接続助詞を後接させる。各活用形の機能を順に見ていく。

(a) 未然形

単独用法を持たないことを特徴とする。ヴォイスの助動詞「(ら)る」「(さ)す」「しむ」が後接する(→第4章)。

(1) 御心地なほ例ならず**思さ**るれば、他所(ほか)に渡りたまひて御修法(ずほふ)など**せ**させたまふ。(源氏・葵)
〔ご体調が依然としていつも通りでなく**お思いになる**ので、他所にお移りになって御修法などを**おさせ**になる。〕

否定の「ず」「む」「まし」、願望の「まほし」が後接する。

(2) 見**ず**もあら**ず**見も**せ**ぬ人の恋しくはあやなく今日やながめ暮らさ**む**
(古今・476)
〔あなたを**見**なかったとも**言え**ないのですが、はっきり見てもいない人が恋しくて、わけもなく今日一日、物思いにふけって**過ごすことになる**のでしょうか〕

接続助詞「ば」が後接して条件表現を形成する（→第11章第2節）。

（b）　連用形
単独用法として中止法を形成する。

（3）　物語のことを、昼は日ぐらし**思ひつづけ**、夜も目の覚めたるかぎりは、これをのみ心にかけたるに、（更級）
〔物語のことを昼は終日思いつづけ、夜も目の覚めているかぎりは、このことばかりを心にかけていたところ、〕

複合動詞の前項となる場合がある。

（4）　言ひ知らす、たづねいづ、とり出だす、見聞く…

そのまま名詞に転成することもある。

（5）　思ひ、定め、ことわり、ねたみ、返し、かへり見…

また、接続助詞「て」「つつ」「ながら」が後接する。接続助詞「て」が後接する場合に顕著であるが、次のように、いわゆる付帯状態を表す場合にも個別の主語をもつことがある。

（6）　袖ひちてむすびし水のこほれるを春立つけふの風やとくらむ
（古今・2）
〔袖がびしょびしょに濡れた状態ですくった水が冬に凍ったのを、立春の今日の風がとかしていることだろう〕

後接する助動詞は、テンス・アスペクトを中心としたもので、「き」「けり」「つ」「ぬ」「たり」「けむ」「けらし」「たし」がある。

（c）　終止形
　単独用法としては終止法に用いられる。

（7）　かの中の品にとり出でて言ひし、この並ならむかしと**思し出づ**。
　　　　　　　　　　　　　　　　　　　　　　　　　　　　　（源氏・帚木）
　〔あの人たちが中の品として特に話題にしていたのは、この程度の家のことだろうな、とお思い出しになる。〕

　後接する助動詞は「らむ」「らし」「べし」「めり」「伝聞なり」「まじ」である。ただし、これらはラ変型活用語には連体形に接続する。接続助詞としては「とも」が後接する。
　終止形は**基本形**と呼ばれることがある。辞書の見出しや注釈などで、動詞をはじめ活用語を取り上げる際には古くからこの活用形が用いられる。

（8）　**恋し**とは誰が名づけけむ言ならむ**死ぬ**とぞただに言ふべかりける
　　　　　　　　　　　　　　　　　　　　　　　　　　　　　（古今・698）
　〔「**恋しい**」などとは誰が名づけたことばなのだろう。遠く離れた所から「恋しい」などと言っていないで、直接に「**死ぬ**」ということばを言うべきだった〕

（d）　連体形
　単独用法としては名詞を修飾する。また名詞に準じた働きをもち、準体句を構成する（→第10章）。

（9）　秋の夜の**明くる**も知らず鳴く虫は我がごとものや悲しかるらむ
　　　　　　　　　　　　　　　　　　　　　　　　　　　　　（古今・197）
　〔長い秋の夜の**明ける**のも知らずに鳴く虫は私と同様に何が悲しいのだろうか〕

「ぞ」「なむ」「や」「か」の係りの結びになる（→第8章）。

第2章　活用

(10) 今日**なむ**参り**はべる**。（源氏・葵）
〔本日、参上いたします。〕

このほか、助動詞「断定なり」「ごとし」「やうなり」が後接する。

(e) 已然形

単独用法としては、「こそ」の係りの結びになる。上代には単独で条件を表す用法も見られた。

(11) 二上の 山とび越えて 雲隠（くもがく）り 翔（かけ）り去（い）にきと 帰り来て しはぶれ**告ぐれ** 招（を）くよしの そこになければ…（万葉・4011）
〔「（鷹が）二上の山を飛び越えて雲に隠れて飛び去ってゆきました」と、帰ってきて咳（せ）き込んで**告げたが**、呼び返すすべがあるわけでもないので…〕

しかし、中古以降は「ば」「ど」「ども」の後接を必要とする（→第11章第2節）。もっとも、次のように「こそ」の結びでありつつ、逆接的な接続表現のようになることはしばしばある。

(12) 前の世の契りつたなくて**こそ**かく口惜しき山がつと**なりはべりけめ**、親、大臣の位をたもちたまへりき。（源氏・明石）
〔私はきっと前世の因縁がつたなくて、こうして不本意な山賤に**落ちぶれたの**でございましょうが、親は大臣の位を保っておられました。〕

また、疑問条件表現と言われる「なれや」の形は次第に文末形式として固定化するが、次のように連体形で結ぶ例も見られる。

(13) わが恋はみ山隠れの**草なれや**繁さまされど知る人のなき
（古今・560）
〔私の恋は深山でひっそりと生きている**草と同じようなものだからだろうか**、

どんなに思いが募ろうと知ってくれる人はいない〕

已然形は、現代語では**仮定形**と呼ばれる（→第 11 章第 3 節）。

（ f ） 命令形

終助詞「かし」などを後接させることはあるが、基本的に命令を表す単独用法でのみ用いられる。

(14) 「これに置いて**まゐらせよ**、…」とて取らせたれば、（源氏・夕顔）
〔「この上に置いて**差し上げなさい**、…」と言って（白い扇を）渡したところ、〕

「花咲けり」のようなアスペクトを表す「り」は命令形接続と説明されることがある。これは「咲く」の連用形に「あり」が後接して転音が生じたものと解するべきである（→第 15 章第 3 節）。

4. 形容詞・形容動詞の活用

平安時代の形容詞には**ク活用・シク活用**の二種がある。

種類	例語	語幹	未然形	連用形	終止形	連体形	已然形	命令形
ク活用	高し	たか	(-く) -から	-く -かり	-し	-き -かる	-けれ	-かれ
シク活用	悲し	かなし	(-く) -から	-く -かり	-φ	-き -かる	-けれ	-かれ

※未然形（―く）は条件表現「―くは」の形で現れる。

それぞれの活用の上段を**主活用（本活用）**、下段を**補助活用（カリ活用）**と呼ぶ。助動詞への接続は「あり」を内包した下段の活用形による。ク活用・シク活用の違いは終止形のみで、シク活用の場合は語幹の形がそのまま用いられる。シク活用「かなし」の語幹を「かな」とすることもあるが、語幹用法

の「たかさ」「かなしさ」といった用法からは、この表のように捉える方がよい。

> ク 活 用：高し・広し・白し・多し・遠し・重し・深し・暗し・険し・清し・荒し・早し・太し・若し・濃し・苦(にが)し・寒し…
> シク活用：悲し・うれし・うらやまし・恋し・苦(くる)し・いとほし・つつまし・うつくし・めざまし・あたらし・やさし・すずし…

　ク活用は状態・性質、シク活用は感情の意味への偏りが見られる。ただし、「憂し」(ク活用)など、例外も比較的多い。これが、**連体形・終止形の同一化**(後述)によって、連体形(形容詞の場合、連体形のイ音便形)が終止の用法に用いられ、結果としてク活用・シク活用の活用形態上の区別はなくなった。しかしながら、むしろ、こうした変化の結果、「語幹末シ＝情意」という意識が生じ、ク活用形容詞に対して「待ち遠しい」「近しい」のような形容詞の成立につながった面もある。

　活用形の機能について、単独用法はほぼ動詞に準じて考えることができる。ただし、形容詞連用形が中止法のほか、連用修飾に用いられることは現代語と同様である。

　形容詞と同じようなはたらきをする活用語として形容動詞がある。形容動詞は平安時代になって多用される。次のように、**ナリ活用**と**タリ活用**の二種がある。

種類	例語	語幹	未然形	連用形	終止形	連体形	已然形	命令形
ナリ活用	静かなり	しづか	-なら	-に -なり	-なり	-なる	-なれ	-なれ
タリ活用	茫々たり	ばうばう	-たら	-と -たり	-たり	-たる	-たれ	-たれ

　なお、現代語ではナリ活用は「―だ、―な」のように活用し、終止形と連体形で形が異なる。タリ活用は使われなくなる。

■史的変遷のポイント

　平安時代に九種類あった活用型は、現代語では五種類に統合される。これは、母音交代型(五段)か語尾付接型(一段)か、いずれかへ収斂しようとする変化である。

　まず母音交代型における統合は、以下のようにして起こった。ナ変は元々、未然形・連用形・命令形は母音交代によって活用しており、連体形・已然形において語尾「る」「れ」を付接することをやめた。ラ変は終止形以外は四段と同じであり、**連体形・終止形の同一化によって四段と等しいもの**となった。また、唯一の下一段であった「蹴る」は、語尾の「る」が母音交代を行うようになった。

　語尾付接型への収斂は、上二段・下二段において起こった。「受け uke ／受く uku」、あるいは「過ぎ sugi ／過ぐ sugu」のように、「e／u」または「i／u」という二段の母音にまたがって活用していたものが、「受け uke ／受ける ukeru」、「過ぎ sugi ／過ぎる sugiru」のように「e」または「i」の一段に統一された。活用としては語尾「る」「れ」を付接するのみとなり、これを**二段活用の一段化**と呼んでいる。

　カ変・サ変は、変則型として現代語まで引き継がれた。以上のような動詞の活用型の変遷については、次のように整理することができる。

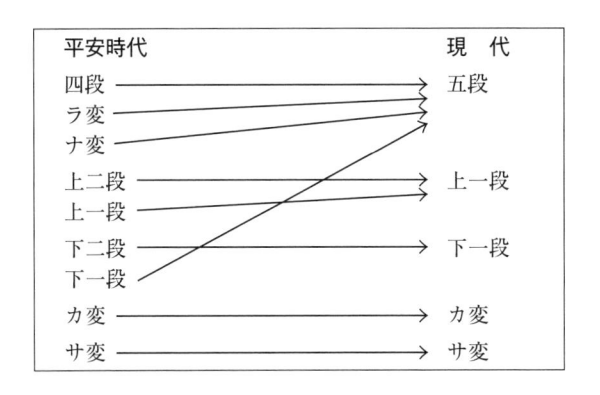

```
平安時代              現代
四段    ─────────→   五段
ラ変    ─────────↗
ナ変    ─────────↗

上二段  ─────────→   上一段
上一段  ─────────↗

下二段  ─────────→   下一段
下一段  ─────────↗

カ変    ─────────→   カ変
サ変    ─────────→   サ変
```

■研究テーマ

1) 連体形・終止形の同一化

　鎌倉時代頃から、これまで終止形が用いられていた箇所に連体形が用いられるようになる。この連体形・終止形の同一化をめぐっては、様々な説がある。連体形が「切る」はたらきを強くもつために文終止に相応しい形として選ばれたとする説（吉田 2005）、ラ変における連用形・終止形の同形態を回避する力が原動力になったとする説（信太 2007）、動詞基本形が「形態の示差性」を獲得するために連体形を選択したとする説（坪井 2007）などがある。これらは主として、形態論的立場から述べられたものである。

　一方、文終止のあり方が終止形から連体形に取って代わったとする見方もある。この場合、連体形終止文（→第7章・第10章）に注目することになる。すなわち、連体形終止文が表す《余情》《詠嘆》、あるいは《解説》といった特殊な意味が薄れ、通常の終止文になったというものである。

　これまでの研究において、平安時代における終止形終止文は、普通の終止として等閑視されてきた。しかし、平安時代の和文における会話文では、連体形終止が終止形終止と量的に拮抗しているというデータもある（吉田 2005）。連体形・終止形の同一化を考えるにあたっては、あらためて終止形終止文と連体形終止文の関係について考える必要があろう。

2) 二段活用の一段化

　「二段活用の一段化」と呼ばれる現象は、通常は院政期より始まり江戸中期頃に完了したと考えられている。しかし、上代にはすでに上二段が上一段に転じたと見られる例が存在している。例えば「居る」に対して「居」という形が「急居、此をば菟岐于と云ふ」（日本書紀・崇神10年9月）のように見られ、かつては上二段活用であったものが一段化したものと考えられる。このほか「廻る」「干る」なども、古くは上二段活用であったと推定されている。これら早く一段活用に転じた上二段動詞は、一音節動詞であることを特徴としている。一音節動詞では、一段化してすべての活用形で同一の音節

（ミやキ）をもつことが、語幹を保持し語の同一性の認識を容易にする効果をもっていた。これは本文中でも述べたように、古代語の上一段動詞がすべて一音節動詞に限られていることとも関連するのであろう。

　いずれにしても、このような上代における一段化と、後世における一段化がどのような関係にあるかを考える必要がある。仮に上代を出発点として徐々に進行したと見るなら、1000年以上もの長きにわたって二段活用の規範性が根強くはたらいたことになる。文献資料に当時の口語がどれだけ反映するかといった点を絡めて考究するのも、興味ある問題である（→第15章「研究テーマ」）。

参考文献
青木博史（2015）「終止形・連体形の合流について」『日英語の文法化と構文化』ひつじ書房
青木博史（2016）「日本語文法史の再構をめざして―「二段活用の一段化」を例に―」『日本語史叙述の方法』ひつじ書房
奥村三雄（1968）「所謂二段活用動詞の一段化について」『近代語研究第二集』武蔵野書院
金水敏・高山善行・衣畑智秀・岡崎友子（2011）『シリーズ日本語史3　文法史』岩波書店
川端善明（1982）「動詞活用の史的展開」『講座日本語学2　文法史』明治書院
川端善明（1997）『活用の研究Ⅰ・Ⅱ』清文堂出版
坂梨隆三（2006）「近松世話物における二段活用と一段活用」『近世語法研究』武蔵野書院
信太知子（2007）「古代語終止形の機能―終止連体同形化と関連させて―」『神女大国文』18
坪井美樹（2007）『日本語活用体系の変遷（増訂版）』笠間書院
橋本四郎（1986）『橋本四郎論文集　国語学編』角川書店
蜂谷清人（1977）「狂言古本に見られる一段活用化の現象」『狂言台本の国語学的研究』笠間書院
村田菜穂子（2005）『形容詞・形容動詞の語彙論的研究』和泉書院
山内洋一郎（2003）『活用と活用形の通時的研究』清文堂出版
山口佳紀（1985）『古代日本語文法の成立の研究』有精堂
山口佳紀（1987）「活用形の機能」『国文法講座2　古典解釈と文法』明治書院
吉田茂晃（2005）「"結び"の活用形について」『国語と国文学』82-11

(((((((（コラム2:「ふと心劣りとかするものは」)))))))

　ふと心劣りとかするものは、男も女も、言葉の文字いやしう使ひたるこそ、よろづの事よりまさりてわろけれ。…なに事を言ひても、「その事させむとす」「言はむとす」「何とせむとす」といふ「と」文字を失ひて、ただ「言はむずる」「里へ出でむずる」など言へば、やがていとわろし。まいて、文に書いては、言ふべきにもあらず。（枕・185段）
〔ふいに幻滅といったものを感じるのは、男でも女でも会話に下品な言葉遣いをすることで、他の何事にもまさって、みっともないことだ。…何を言うにしても「その事させむとす」「言はむとす」「何とせむとす」という「と」の言葉を失って、ただ「言はむずる」「里へ出でむずる」などと言うと、それだけで即みっともない。まして手紙などの文章にこういうふうに書くのは、問題外である。〕

　ここでは「と」文字の有無が問題にされていますが、それだけでなく「言はむとす」と「言はむずる」には、終止形「す」→連体形「する」という変化が含まれています。すなわちこれは連体形終止に関する言及でもあるのです。当時、口頭語の世界では、相当に連体形終止の文が用いられていたことを窺わせる記述です。清少納言は「いやしい」ことばとして戒めているにもかかわらず、次第にスタンダードな表現になったのです。このように、ことばの変化は口頭語から起こり、最初は「乱れたことば」「下品なことば」と非難されることが多いものです。しかし、多くの人が用いるにはそれなりの理由があって、非難にもかかわらず定着していきます。「ら抜きことば」も、いずれスタンダードになる可能性があります（→第4章「研究テーマ」）。
　また、最後の一文から、文章語は規範性が高く、口頭語の変化が遅れて現れる傾向があることもわかります。
　ところで、清少納言は、冒頭で「ふと心劣り<u>とか</u>するものは」と言っています。なぜ、このように言っているのでしょうか。この時代、トとカはいまだ独立的であったと思われますが、その点を別にすれば、トカ弁と非難される「コピー<u>とか</u>とるんですか？」といった現代の若者ことばと、どの程度の距離があるのか、考えてみると面白そうです。

第3章
格

　名詞句は文の骨格を構成する要素です。名詞句は格を担い、述語との関係を示します。この章では、格助詞の用法を中心に古代語の格表示のあり方を見ていきます。格助詞がない形も取り上げます。

基本例
a.【主格】うたてにほひの袖にとまれる（古今・47）
　〔いやなことに、（梅の）香りが染みついている〕
b.【対格】物をのみ食ひて、夜更けぬ。（土佐・1月7日）
　〔ごちそうを食べるだけで、夜が更けた。〕
c.【相手】「かれは何ぞ」となむ、男に問ひける。（伊勢・6段）
　〔「あれは何？」と男にたずねた。〕
d.【方向】人の娘を盗みて、武蔵野へ率て行くほどに、（伊勢・12段）
　〔人の娘を盗んで、武蔵野へ連れて行くと、〕
e.【起点】いはけなくより、宮のうちに生ひ出て、（源氏・梅枝）
　〔幼少の頃から宮中で育って、〕

KEYWORDS：格助詞、主格、対格、意味役割、助詞ゼロ

1. 格とは

　名詞句が文において他の要素とどのような関係を持つかを「格」と呼ぶ。名詞句は文中では、必ず何らかの格を有している。
　ただし、格表示のあり方は言語によって異なる。ラテン語では名詞そのも

のが形態変化し、英語では名詞句が文のどの位置に来るかによって格を表す。日本語の場合は、名詞句に格助詞を付けることによって格関係を表示する。現代語の格助詞には、「が」「を」「に」「の」「へ」「と」「より」「から」「まで」などがある。古代語の格助詞については後述する。なお、格には形の側面と意味の側面がある。前者を表層格、後者を深層格とする考え方もある。

　古代語における格関係は、「我__書__読む」のように助詞の付かない形(助詞ゼロ)で表されることが多い。助詞ゼロを「φ」で表すなら、「我φ書φ読む」となる。以下では、このような助詞ゼロにも注意しながら、格助詞の用法を中心に見ていく。

2. 主格

　主格は動作・変化の主体を表す。古代語の主格は「φ」「の」「が」によって表示される。

（1）　この野は盗人φあなり。(伊勢・12段)
　　　〔この野は盗人がいるそうだ。〕
（2）　都の近づくを喜びつつ上る。(土佐・2月9日)
　　　〔都が近づくのを喜びながら上っていく。〕
（3）　我が背子が植ゑし秋萩咲きにけり　(万葉・2119)
　　　〔あなたが植えてくださった秋萩が咲きました〕

　古代語で「φ」は主節の主格を表示できるが、「の」「が」は主節の主格を表示せず、原則的に従属節の主格を表す。

（4）　白雪の所もわかず降りしけば　(古今・324)
　　　〔白雪が場所の区別もなく降っているので〕
（5）　妹が見し棟(あふち)の花は散りぬべし　(万葉・798)
　　　〔妻が見たおうちの花は散ってしまいそうだ〕

主格「が」が主文の主格表示として確立するのは、室町時代になってからである（→第10章第3節）。

（6）　小松殿のお子に宗実といふ人がござった。（天草平家・巻4）
（7）　都に人多いといへども、某が末広がり屋の亭主でおりやるよ。

（虎明狂言・末広がり）

3.　対格

　対格は動作・活動の対象を表す。古代語の対格は「φ」「を」によって表示される。

（8）　船φとく漕げ、日のよきに、（土佐・2月5日）
　　　〔船を早く漕げ、天気が良い間に、〕
（9）　御衣φぬぎてかづけ給ひつ。（竹取・燕の子安貝）
　　　〔(自らの)御衣装を脱いでお与えになった。〕
（10）　都近くなりぬと言ふを喜びて、（土佐・2月6日）
　　　〔都が近くなったというのを喜んで、〕
（11）　竹をとりつつ、よろづのことに使ひけり。（竹取・かぐや姫の生ひ立ち）
　　　〔竹を取り、(その竹を)様々な物を作るのに使っていた。〕

助詞「を」はもともと間投助詞であったらしく、目的格表示は未発達であった。間投助詞「を」には次のような例がある。

（12）　山たづの迎へを行かむ待つには待たじ（万葉・90）
　　　〔お迎えに行こう、待っていられないから〕
（13）　さきくさの中にを寝むと愛しくしが語らへば（万葉・904）
　　　〔(お父さんお母さんの)「真ん中で寝るんだよ」と可愛らしくあの子が言うので〕

第3章　格　　27

「を」は徐々に格助詞として用いられるようになった。また、「を」は従属節内に用いられることが多い(→金水 1993)。

4. その他の格

　以下では、主格、対格以外の格について取り上げる。それぞれ、名詞句の**意味役割**に対応するものである(「斜格」と呼ばれることがある)。意味役割とは、名詞句が文中で担う意味機能のことである。たとえば以下のようなものがある(意味役割を【 】で示す)。

【起点】「を」「より」「から」
(14)　深く籠りたる山を出でたまひて、(源氏・手習)
　　　〔深く籠っていた山をお出になって、〕
(15)　「京よりとみの御文あるなり。」(源氏・浮舟)
　　　〔京から急な用事の手紙があるのです。〕
(16)　ほととぎす卯の花辺から鳴きて越え来ぬ(万葉・1945)
　　　〔ほととぎすは卯の花辺りから鳴いて越えて来た〕

【着点】「に」「へ」
(17)　ゆきゆきて駿河の国にいたりぬ。(伊勢・9段)
　　　〔歩みを進めて行って、駿河の国に着いた。〕
(18)　池のほとりへ行き着きたるほど、日は山の端にかかりにたり。(更級・初瀬詣)
　　　〔池のほとりに着いたとき、日は山の端にかかっている。〕

【場所】「に」「にて」
(19)　その里に、いとなまめいたる女はらから住みけり。(伊勢・初段)
　　　〔その里に、たいそう優美な姉妹が住んでいた。〕
(20)　潮海のほとりにてあざれあへり。(土佐・12月22日)
　　　〔塩海のほとりでふざけあっている。〕

【相手】「に」「と」
(21) 「僧都に会ひてこそは、たしかなるありさまも聞きあはせなどして」

(源氏・手習)

〔「僧都に会って確かな事情も聞き合わせなどして」〕
(22) 我が背子と二人見ませば（万葉・1658）

〔あなたと二人で見られたら〕

【原因・理由】「に」「にて」
(23) 散りかふ花に道はまどひぬ（古今・116）

〔散り乱れる花のせいで道に迷ってしまった〕
(24) 竹の中におはするにて知りぬ。（竹取・かぐや姫の生ひ立ち）

〔竹の中にいらっしゃるのでわかりました。〕

　　原因・理由を表す接続助詞としては、現代語では「から」「ので」があるが、古代語では「ので」は現れていない。

【道具・手段】「にて」「して」「から」
(25) 夜一夜、舟にてかつがつ物などわたす。（更級・乳母の出産）

〔夜通し、舟で少しずつ荷物などを渡した。〕
(26) 岩に指の血して書きつけける。（伊勢・24段）

〔岩に指の血で書きつけたことだ。〕
(27) 徒歩から罷りて、（落窪・巻1）

〔徒歩で退出して、〕
(28) ただひとり、徒歩より詣でけり。（徒然・52段）

〔一人きりで、徒歩で詣でた。〕

　　なお、現代語「によって」は、「～によりて」から成立したものである。

【共同】「と」「して」

(29) 「何事ぞや、わらはべと腹立ち給へるか」（源氏・若紫）
〔「何事です、子供たちと喧嘩なさったのですか」〕
(30) もとより友とする人、ひとりふたりして行きけり。（伊勢・9段）
〔古くからの友人、一人二人と一緒に行った。〕

【方向】「へ」「に」
(31) 「足の向きたらむ方へ往なむず」（竹取・龍の首の玉）
〔足の向いた方へ行ってしまおう〕
(32) 東西に急ぎ、南北に走る人（徒然・74段）

「へ」は「山の辺（＝山のあたり）」のような名詞「辺」が語彙的意味を失ってできた。これは、語の語彙的意味が消失して文法的要素となる**文法化**（grammarticalization）の一例である。文法化の詳細については、第15章第3節を参照してほしい。

5. 名詞句の関係表示

前節では述語と対応する格について見てきたが、名詞句の関係表示を示す格もある。

【所有】「の」「が」
(33) 下衆の家、我が庵

【連体格】「の」「な」「つ」
(34) 旅の御姿、水な底、沖つ白波

なお、「な」「つ」は上代語の格助詞であるが、「まつげ」「港（水な門）」のように一語の中に化石化して、現代語で残っている。
格助詞「の」は「名詞＋の＋名詞」という名詞句を構成し、多様な意味関

係を表示した。「あしひきの山鳥の尾のしだり尾の…」(拾遺・778)のように序詞で「の」が連続して用いられることがあるが、このような用法に「の」の原初的な性質を見いだす考え方もある。

6. 格のまとめ

古代語の格表示を整理すると、下の表のようになる。

格の種類	古代語	現代語
主格	φ、が、の	ガ、ノ
対格	φ、を	ヲ
起点	を、より、から	ヲ、カラ、(ヨリ)
着点	に、へ	ニ
相手	に、と	ニ、ト
場所	に、にて	ニ、デ
原因・理由	に、にて	デ
道具・手段	にて、して、より、から	デ、ニヨッテ
共同	と、して	ト
方向	に、へ	ニ、ヘ
所有	の、が	ノ
連体格	の、な、つ	ノ

注) 主格・対格以外のφについては、これまでの研究で未調査であり、実態がよくわかっていない。表では、書きことばにおける格表示を示した。話しことばでは、格助詞が省略されやすく、「φ」が用いられる場合が多くなる。

■史的変遷のポイント

もともと格表示は助詞ゼロで行われていたが、徐々に、格関係を助詞で明示するようになってきた。ただし、現代語でも話しことばでは、「太郎、学校、行ったよ」のように格助詞が省略されることはしばしばある。古代語でも話しことばにおいては、格助詞が省略されていた可能性は大いにある。

古代は係り結び体制が確立していた時期であり、係助詞が格表示を兼務す

ることもあった。たとえば、「昔の人の袖の香ぞする」では「ぞ」が係り結びを行うと同時に主格を表している。

次に、主格の変遷について概観しよう。古代語では、主節の主格は「φ」によって表示された。一方、「の」「が」は従属節の主格表示を担っていた。中世になると、「の」「が」が主節の主格表示を担うようになった。近世以降、「が」が主節の主格表示として確立していき、「の」は連体格表示に傾いていく。ただし、従属節に関しては、現代においても「の」「が」が共に用いられている。

■研究テーマ

1) 助詞ゼロの記述

格の研究は、伝統的な国語学では格助詞の記述を中心に進められてきた。その反面、非明示的な性格をもつ助詞ゼロの形についての記述は蓄積されていない。たとえば、主格では、「φ」と「の」「が」、対格では「φ」と「を」との関係について、時代ごと、資料ごとにきめ細かい記述が必要となろう。対格の「φ」については、金水(1993)が参考になる。

2) 格助詞「を」をめぐって

格助詞「を」をめぐっては様々な問題がある。たとえば、成立については、間投助詞「を」が想定されているが、成立の過程や動機付けについては十分明らかにされていない。また、格助詞「を」は接続助詞化するが、その過程についての研究には近藤(2000)がある(→第10章第3節)。さらに、対格を表さない「を」をどう扱うかといった問題もある。

3) 「AのB」

現代語における「AのB」型名詞句については、西山(2003)に詳しい記述・分析がある。「AのB」タイプの名詞句が古代語においてどうなっているのか、現代語と対照させて考えてみると面白い。従来は助詞「の」の研究とし

て扱われていたが、名詞句の研究として捉え直す必要がある。

4）格の体系的記述

　古典語の格の研究は、個別の格助詞の研究を中心に進められてきたが、それらを総合する方向性が求められる。その際、格の形態面だけでなく、意味役割にまで踏み込んだ記述が必要である。ただ、格を考える上で基礎となる、動詞、名詞句の記述はあまり進んでいない。これまでの動詞、名詞句の史的研究は語彙的な面が中心であり、文法面の記述分析が今後の課題となろう。

参考文献
浅見徹（1991）「助詞「が・の・に・を」の歴史」『講座日本語と日本語教育10　日本語の歴史』明治書院
石垣謙二（1955）『助詞の歴史的研究』岩波書店
金水敏（1993）「古典語の「ヲ」について」『日本語の格をめぐって』くろしお出版
近藤泰弘（2000）『日本語記述文法の理論』ひつじ書房
此島正年（1973）『国語助詞の研究』おうふう
高山道代（2014）『平安期日本語の主体表現と客体表現』ひつじ書房
西山佑司（2003）『日本語名詞句の意味論と語用論』ひつじ書房
野村剛史（1993）「古代から中世の「の」と「が」」『日本語学』12–10
間淵洋子（2000）「格助詞「で」の意味拡張に関する一考察」『国語学』51–1
山田昌裕（2010）『格助詞「ガ」の通時的研究』ひつじ書房

第4章
ヴォイス

　述語形式に応じて格が規則的に交代する現象をヴォイスと呼びます。この章では、「(ら)る」による受動、「(さ)す」による使役を中心に見ていきます。さらに、自動詞と他動詞の対立、可能表現についても解説します。

基本例
a.【受動】舅にほめらるる婿。また姑に思はるる嫁の君。
　　　　　　　　　　　　　　　　　　　　　（枕・ありがたきもの）
　〔舅にほめられる婿。また、姑によく思われる嫁。〕
b.【使役】人ないたくわびさせ奉らせ給ひそと言ひて（竹取・火鼠の皮衣）
　〔「あの方をあまりにお困らせ申し上げなさいますな」と言って〕
c.【可能】得の字がなければ心得られぬ。読めぬぞ。（蒙求抄・巻2）
　〔「得」の字が無いので理解できない。読むことができない。〕
d.【自動詞】我さへに君に付きなな高嶺と思ひて（万葉・3514）
　〔私もまたあなたから離れずにいたいなあ。…〕
　【他動詞】世の中に心付けずて思ふ日ぞ多き（万葉・4162）
　〔この世に執着せずにもの思いをする日が多い〕

KEYWORDS：受動、使役、可能、自動詞、他動詞

1. ヴォイスとは

　同じ事柄を表現する場合でも、文に関与する格成分のうち、何に視点をおいて述べるかによってその表現が変わってくる。「太郎が次郎を叱る」「次郎

が太郎に叱られる」のような、「**能動 (active)**」と「**受動 (passive)**」の対立はその典型である。これらは同じ事柄について述べているが、前者は「叱る」という動作の主体である「太郎」に視点を置き、後者は動作の客体である「次郎」に視点を置いている。すなわち、能動文では、動作主体 (=太郎) が「ガ格」、客体 (=次郎) が「ヲ格」で表されているのに対し、受動文では、動作客体が「ガ格」、主体が「ニ格」で表されている。またこのとき、受動文には「(ら) れる」という助動詞が付くが、能動文では「(ら) れる」を含まない基本形が用いられている。このように、**ヴォイス (voice)** は、格表示という統語的な側面と、述語における形態的な側面の二つにまたがるカテゴリーである。

2. 受動

古典語における受動文は、動詞に助動詞「(ら) る」を付接して作られる。強活用動詞には未然形に「る」が付接し (「読まる」「食はる」)、弱活用動詞には未然形に「らる」(「棄てらる」「射らる」) が付接する (→第2章第2節)。上代には、次のような助動詞「(ら) ゆ」も用いられた (→第5節)。

（1）　か行けば人に厭(いと)はえかく行けば人に憎まえ　(万葉・804)
　　　〔あちらに行けば人に嫌がられ、こちらに来れば憎まれ〕

受動文には、**直接受動文**と**間接受動文**がある。

（2）　【直接受動文】ありがたきもの。舅にほめら**るる**婿。また姑に思は**るる**嫁の君。(枕・ありがたきもの)
　　　〔めったにないもの。舅にほめ**られる**婿。また姑にかわいがら**れる**嫁。〕
（3）　【間接受動文】今は野山し近ければ春は霞にたなびか**れ**　(古今・1003)
　　　〔今は野山が近いので春は霞にたなびかれて心が晴れず〕

(2)は、他動詞文「舅ガ婿ヲ褒む」「姑ガ嫁ヲ思ふ」の主語であった「舅」「姑」がニ格、目的語であった「婿」「嫁」が主語として表されている。新主語「婿」「嫁」は、「褒める」「思う」動作の直接の受け手となっているため、これを直接受動文と呼ぶ。

　一方の(3)は、直接関与しない出来事「霞がたなびく」から、間接的な影響(迷惑)を受ける第三者を新主語に立てて表している。このような間接受動文は、一般に《迷惑》の意味を表すことになる。

　受動文の歴史において注目されるのが、非情物(無生物)名詞句が主語となる構文である。古典語において、「非情物ガ＋非情物ニ(または非表示)＋〜ラレル」というタイプは存在したが、「非情物ガ＋有情物ニ＋〜ラレル」というタイプは存在しなかった。

(4)　露ハ月ノ光ニ被照(テラサレ)テ（今昔・巻19–17）
　　〔露は月の光に照らされて〕
(5)　衣のすそ、裳などは、御簾の外にみなおしいだされたれば、
　　　　　　　　　　（枕・淑景舎、東宮にまゐり給ふほどのことなど）
　　〔着物の裾や裳などは、御簾の外にみな押し出されているので、〕

近代に入り、欧文の直訳において「によって」という形が作り出されたことで、「非情物ガ＋有情物ニ＋〜ラレル」というタイプの文を表現することができるようになった(→金水1991)。

(6)　彼所ニ併ナガラ一二ノ一般ノ規則ト而シテ経験ガ此ニ就テ巧者ナル語学者ニ由テ定メラレテアル。（竹内宗賢(1856)『和蘭文典読法』）

　非情物主語の受動文は非固有のものと説かれることもあったが、(4)(5)に示したように、存在しなかったわけではない(特に和歌や漢文訓読文など)。古典語に存在しなかったのは(6)のようなタイプの文で、これは西洋語の翻訳が日本語の用法を拡張させたものである。

3. 使役

古典語における使役文は、助動詞「(さ)す」を用いて作られる。

（7）　人々に歌よま**せ**給ふ。（伊勢・78 段）
　　　〔人々に歌をお詠ま**せ**になる。〕
（8）　月の都の人詣(ま)で来ば捕へ**させ**む。（竹取・かぐや姫の昇天）
　　　〔月の都の人がやってきたならば捕らえ**させ**よう。〕

(7)のように強活用動詞には「す」が付接し、(8)のように弱活用動詞には「さす」が付接するのは、「(ら)る」の場合と並行的である。上代には「(さ)す」の他、次のような「しむ」も用いられた。

（9）　あざむかず直(ただ)に率(ゐ)行(ゆ)きて天路(あまぢ)知ら**しめ**（万葉・906）
　　　〔あらぬ方に誘わないでまっすぐに連れて行って天上への道を教え**てやってください**〕

「しむ」は次第に漢文訓読文の中に固定化していくが、その中で形容詞の使役形が用いられる点は注目される。

（10）　佛ヲ観ジテ悪念ヲ成ス事無カラ**シメ**ム。（今昔・巻2–7）
　　　〔仏を観ることで悪い心を発することが**ないようにさせ**よう。〕

このような表現は、「形容詞＋(さ)す」では表しえない。一方、「あり」に「す」が付接した例が、次のように見られる。

（11）　をさをさ劣らぬ人も、類にふれて迎へ取りて**あらすれ**ど、（源氏・澪標(みをつくし)）
　　　〔この乳母にさしてひけをとらぬ身分の女房も、縁故をたどって京から呼び迎えていさせているが、〕

38

現代語では、「ある＋サセル」といった形は用いられない。

また、「無理に食べさせられる」のような「使役＋受身」といった形式は、古典語には見られない。したがって、古典語のヴォイスには「使役の受身」という意味範疇はなく、その点現代語よりも単純な構造である。

4. 自動詞・他動詞

　自動詞・他動詞には、「成る―成す」のように対応する自他動詞を持つものと、「昇る(自)―φ(他)」「φ(自)―読む(他)」のように、対応する自他動詞を持たないものがある。対応する自他動詞を用いた文においては、「(ら)る」「(さ)す」などの助動詞を用いることなく、ヴォイスの対立が示される（「実が成る―実を成す」）。

　古代語における自動詞・他動詞の対応タイプは、形態の上から次のような2種類が区別される。

(12)　活用型の違いによるもの
　　　たつ(立)四段【自】 ⟶ たつ下二段【他】
　　　きる(切)四段【他】 ⟶ きる下二段【自】
(13)　語尾の違いによるもの
　　　a.　うつる(移)【自】 ⟷ うつす【他】
　　　b.　かる(枯)【自】 ⟶ からす【他】
　　　　　まぐ(曲)【他】 ⟶ まがる【自】

(12)のタイプは、四段と下二段という形態の対立が、自他動詞のいずれの標識であるかを明確にしないが、(13)のタイプは「r」＝自動詞、「s」＝他動詞、という形で自他の標識を明示しており、(13)の方がより新しい。

　(13a)と(13b)の関係については、(13a)をもとに(13b)のタイプが形成されたといえる。(13a)は共通の語幹から、それぞれ「r」自動詞、「s」他動詞を派生させたものであり、語彙的に制限がある。しかし、(13b)の場合、

「-ar」「-as」という接尾辞を付接することによって「自動詞化」「他動詞化」を行うため、生産的なシステムとなったといえる(→釘貫 1996)。

5. 助動詞「(ら)る」「(さ)す」

　助動詞「(ら)る」「(さ)す」は、前節(13b)のような、「r」自動詞、「s」他動詞を派生させるシステムから成立した。したがって、「-ar」「-as」という接辞をもとにしている。これを下二段に活用することで、四段に活用する自動詞化接辞・他動詞化接辞との差異化を図った。強活用動詞の場合はそのまま「-ar」「-as」を付接させ、弱活用動詞の場合には「r」「s」を挿入して「-rar」「-sas」という形を付接させた。以下に(14)として、使役「す／さす」の語形について、「て」に続く場合を例として示しておく。

(14)　a.　【強活用動詞】(例「読む」)
　　　　　yom ＋ ase ＋て ⟶ 読ませて
　　　b.　【弱活用動詞】(例「起く」)
　　　　　oki ＋ s ＋ ase ＋て ⟶ 起きさせて

　「(ら)る」は《受身》の他、《自発》《可能》といった意味を分化させた。

(15)　【自発】秋来ぬと目にはさやかに見えねども風の音にぞ驚かれぬる
　　　　　　　　　　　　　　　　　　　　　　　　　　　(古今・169)
　　　〔「秋が来た」と景色を目で見たところでははっきりと分からないが、風の音を耳にすればおのずから秋の訪れを感じ**させられる**ことだ〕
(16)　【可能】御胸つと塞がりてつゆまどろまれず、明かしかねさせ給ふ。
　　　　　　　　　　　　　　　　　　　　　　　　　　　(源氏・桐壺)
　　　〔帝は胸がいっぱいになってとろりともおやすみに**なれず**、夜の明けるのを待ちかねておいでになる。〕

そしてこれは後に、《尊敬》をも表すようになった(→「研究テーマ」)。

(17) これを題にて歌よめとさぶらふ人に仰せ**られ**ければ（古今・930 詞書）
〔文徳天皇が「これを題に歌を詠め」とお仕えの女房たちに仰せ**られ**たので〕

「(さ)す」は前述のように《使役》を表したが、これについても《尊敬》を表すようになった(→第 12 章)。

(18) 年ごろ常のあつしさになり給へれば、御目馴れて「なほしばし試みよ」とのみ宣は**する**に、（源氏・桐壺）
〔この何年かの間、常々ご病気がちでいらっしゃったので、帝はいつもご覧になっておられたから「このままでもうしばらく様子を見よ」とばかり仰せ**になる**うちに、〕

先に述べたように、上代における受身の助動詞は「(ら)ゆ」が用いられていたが(→(1))、この形式は「見ゆ」「聞こゆ」などのユ語尾自動詞から分出したものである。これは「(ら)る」「(さ)す」が、それぞれル語尾自動詞・ス語尾他動詞から分出したことと並行的に捉えることができる。また、使役の助動詞としては「しむ」が用いられていた(→(9))。しかし、これらの形式は「r」「s」という自他の標識が確立されるにしたがって、「(ら)ゆ」は「あらゆる」「いわゆる」など特定の語の中に、「しむ」は漢文訓読の中に固定化し、用いられなくなっていった。

6. 可能

可能文のあるものについては、対象格にガ格をとることがある。本章の最初に規定したように、ヴォイス現象は格交代にかかわるものであるため、これもヴォイスに含まれることになる。

（19）　そのよせきもなひゑぼしの中に、ざうさくをしてかべがぬらるるものか。（虎明狂言・今参_{いままゐり}）
〔その余分なところもない烏帽子の中に、細工をして壁を塗ることができるものか。〕

　受動文の場合と同じ助動詞「（ら）る」が用いられていることからも、受動文と可能文の近さがうかがえる。
　ただし、すべての可能表現がヴォイス現象にあてはまるわけではない。次の副詞「え（得）」という形式を用いた場合の対象語の格表示はヲ格のままであり、元の文の格パターンが保たれている。

（20）　昔、男、五條わたりなりける女をえ得ずなりにけることと、わびたりける、（伊勢・26段）
〔昔、五条辺りに住む女を得ることができなくなってしまったことよ、と悲しんでいる男が、〕

　また近代語以降においては、多くの可能表現形式がヲ格をとることができるようになっている。

（21）　太郎は英語を話す。→太郎は英語を話せる。

　「話せる」「書ける」のような動詞を**可能動詞**と呼ぶが、これは近世初期に成立したものである。つまり、可能を表す形式が意味範疇において安定するにしたがってヲ格をとるようになってきており、本来的に《可能》というカテゴリーが格交代を要求しないことを示している。
　しかし、可能動詞は「焼く─焼ける」のような「四段他動詞─下二段自動詞」といった自他対応関係をもとに、「読む→読める」といった形を派生させたものである。また、助動詞「（ら）る」が《受動》といった典型的なヴォイスから、《尊敬》といったヴォイス以外の意味まで表すことを考えると、

これらは意味的に連続している。したがって、「可能」表現をヴォイスの枠組みの中で捉える見方も、やはり有効であるといえる。

■史的変遷のポイント

ヴォイス形式として、受動「(ら)る」、使役「(さ)す」は、中古以降現代に至るまで変わらず用いられている。また、日本語の自動詞・他動詞は動詞の表す意味によって決まっており、自他の枠組みそのものは古今を通じて普遍的なものである。

受動文・他動文においては、名詞句の意味役割に注目することが重要である。構文そのものは古代語と現代語の間に相違はないが、主語名詞句の意味役割は、近代の欧文翻訳において大きな変化が起こっている(→コラム3)。

可能表現はすべてがヴォイス現象とかかわるわけではないが、助動詞「(ら)る」を用いて表されるように、ヴォイスとのかかわりは深い。ただし各時代を通じてよく用いられた「(ら)る」も、近年では可能動詞の伸長により、可能表現としてはあまり用いられなくなった。

■研究テーマ

1)「(ら)る」の多義性

助動詞「(ら)る」が有する、自発・可能・受身・尊敬といった多義性をめぐっては、多くの考え方が提出されている。尊敬の意味が遅れることは文献からも明らかであるが、自発を原義とする考え方、受身を原義とする考え方など、様々である。このような一つの意味から他の意味が派生するという考え方に対し、Shibatani(1985)では、その本質は「agent defocusing」であるとし、動作主を背景化するところから様々な意味が派生するとしている。また、尾上(2003)では、「(ら)る」が用いられた文は「事態全体の生起」というスキーマで述べたもの(=「出来文」)としており、「意図成就」や「発生状況描写」といった、自発・可能・受身のカテゴリーに収まらない意味に対し

ても、説明を可能にしている。

2)「射させて」

中世の軍記物では、「太田太郎、我身手負ひ、家子・郎等多く討たせ、馬の腹射させて引退く」(平家・巻12)のように、実際は「討たれ」「射られ」るという受身の場合に、使役の助動詞「(さ)す」を用いることが多い。不本意ながらもそうさせているという意を表しており、現代語でも「愛児を死なせた」のように用いられる。これは、「(俊寛僧都ハ)浪に足うち洗はせて」(平家・巻2)のような「放任用法」の延長上にあるものであり、これらはいずれも動作主の「意図性」を欠いている(→次項)。柳田(1994)では「意志動詞の無意志的用法」と呼び、「(さ)す」だけでなく、「心痛くい行く我妹かみどり子を置きて」(万葉・467)〔私に辛い思いをさせて死んでいった妻よ、図らずも幼子を残して〕のように、他動詞を用いた表現にも見られると述べている。

3) 他動性とプロトタイプ論

プロトタイプ論とは、原型・典型を設定し、そこからの距離によって連続的に捉えようとする見方である。ここでは、ヤコブセン(1989)で抽出された「他動性」のプロトタイプ(原型)を掲げておく。

a. 関与している事物(人物)が二つある。すなわち、動作主(agent)と対象物(object)である。
b. 動作主に意図性がある。
c. 対象物は変化を被る。
d. 変化は現実の時間において生じる。

これらを全て満たすところに最も典型的な他動文が存在し、一部の要素しか満たさない場合は、典型から外れたところにある他動文として位置づけられる。「手に持てる我が子飛ばしつ」(万葉・904)〔うっかり飛ばしてしまった〕「迦葉の口の中に笑みを含める」(栄花・巻29)「若菜ぞ今日をば知らせたる」

（土佐・1月7日）(→コラム3)といった文は「動作主」の要件を欠いており、典型から外れた他動文である。

4) らぬきことば

　可能の意味を表す「見れる」「食べれる」などは、「見られる」「食べられる」といった本来の形式から「ら」を抜いたということで、**らぬきことば**と呼ばれている。しかし、これらは、五段活用動詞にならって一段活用動詞からも作られるようになった、新しい「可能動詞」である。地域や年齢層、さらには語彙によっても容認度が大きく異なっており、現在進行中の文法変化である。

　さらに、行き過ぎた変化を起こしたものとして、「―レル」の形に可能の意味を見出し、「飲め**れる**」「見**れ**る」のように言う方言も、全国各地で相当数認められる。「―サセテ」に謙譲の意味を見出し、「やら**させて**いただく」のような言い方が生まれるのと同じ原理に基づくものである。

参考文献
青木博史（2010）『語形成から見た日本語文法史』ひつじ書房
ウェスリー・M・ヤコブセン（1989）「他動性とプロトタイプ論」『日本語学の新展開』くろしお出版
尾上圭介（2003）「ラレル文の多義性と主語」『月刊言語』32-4
金水敏（1991）「受動文の歴史についての一考察」『国語学』164
釘貫亨（1996）『古代日本語の形態変化』和泉書院
坂梨隆三（2006）『近世語法研究』武蔵野書院
渋谷勝己（1993）「日本語可能表現の諸相と発展」『大阪大学文学部紀要』33-1
須賀一好・早津恵美子編（1995）『動詞の自他』ひつじ書房
長谷川清喜（1969）「す・さす―使役〈古典語〉―」『古典語現代語助詞助動詞詳説』学燈社
柳田征司（1994）「意志動詞の無意志的用法―あわせて使役表現のいわゆる許容・放任・随順用法について―」『国語論究5　中世語の研究』明治書院
Shibatani Masayoshi (1985) "Passives and Related Constructions: A Prototype Analysis" *Language*, 61-4

((((((((コラム3:「若菜ぞ今日をば知らせたる」))))))))

　受動文の場合と同様に、使役文(他動文も含む)においても、古典語には非情物(無生物)が主語に立つものは存在しないと説かれることがありました。しかし非情物が主語となる他動文は、古典語でもしばしば用いられています。

（ⅰ）若菜ぞ今日をば知らせたる。（土佐・1月7日）
　　〔送られてきた若菜が、今日が七日の若菜の節であることを知らせている。〕
（ⅱ）非法の説法は妄傳の罪を招き、藍紵の誚を致す。

（東大寺風誦文稿・300）
　　〔仏法に違背する教えを説き聞かせることは、誤った言い伝えを広める罪を招き、才能なくして其の位に居るという責めをうける。〕

　ただしこれらの主語は、意志性を有した「動作主」ではありません。（ⅰ）の例であれば、若菜が送られてきたことによって今日が何の日であるのかを知る、という文ですので、主語「若菜」は「知る」という事態の「原因(誘因)」というべき役割を果たしています。これを「原因主語の他動文」と呼んでおきましょう。
　「原因主語の他動文」は、上記の例の他「風」「音」「光」のような「自然現象」が主語に立つものも多く見られます。これは、非情物が主語となる受動文の場合と同じ特徴といえます(→第4章(4))。

（ⅲ）河浪の音も、鶴の声も、様々に心動かし、（栄花・巻38）

しかし、「笑顔がその場を和ませた」「率直に言ったことが彼女を傷つけた」のように、抽象度の高い非情物名詞句が主語に立つタイプは古典語にはありません。これは、やはり欧文脈において成立したと見られます。

（ⅳ）我等ノ先祖ノ博愛アル事ト勇気アル事ト取リ極リアル事トガ此国ヲ自由ニシタ。（大庭雪斎（1855）『訳和蘭文語』）

　ただしこのような「原因主語の他動文」においても、欧文脈が何も無かったところに新しいものを創り出したわけではありません。本来日本語に備わっていた既存の用法を拡張させたものといえるでしょう。

第5章
アスペクト・テンス

　述語事態のさまざまな時間的部分を示す形態の対立をアスペクトと呼び、発話時と述語の時との前後関係を示す形態の対立をテンスと呼びます。この章では、「つ」「ぬ」「たり」「り」「き」「けり」を中心に、古代語の会話文の主節におけるアスペクト・テンスにかかわる文法現象を解説していきます。

> 基本例
> a. いかなる行き触れにかからせたまふぞや。（源氏・夕顔）
> 　〔どのような穢れにご遭遇なさったのか。〕
> b. 公の御近き衛りを、私の随身に領ぜむと争ひたまふよ。（源氏・横笛）
> 　〔帝にお近い警護の人を、自分の随身にしようと争いなさっているよ。〕
> c. それ左の手があいたは。（虎明狂言・昆布売）
> 　〔ほら左手が空いているじゃないか。〕

KEYWORDS：事態の時間的部分、存在動詞、文法化、発話時、確言

1.　アスペクト

1.1　アスペクトとは

　現代日本語の場合、文の主節における、動きを表す述語動詞には、「てい（る／た）」を伴う形（「している／していた」）と伴わない形（「する／した」）との対立があり、文法範疇（Grammatical Category）を成している。

（1）　a.　彼女は隣の部屋で着物を{着ている／着ていた}。
　　　b.　彼女はきれいな着物を{着ている／着ていた}。
　　　c.　私はその着物を前に{着ている／着ていた}。
（2）　娘はこの着物を成人式の時に{着る／着た}。

　（1）の「している／していた」は、動きが開始した後という事態の時間的な一部のみを話者が観察しようとする（実際に観察した場合を含む）ことを示す。他方、（2）の「する／した」は、動きの時間的な全部を話者が観察しようとすることを示す。このように、述語が表す**事態のどのような時間的部分**を話者が観察しようとするかによって、述語が体系的に異なる形態をとる場合、それらの形態の対立を指して、**アスペクト**（Aspect: 相）と呼ぶ。「している／していた」は「既然相」、「する／した」は「完成相」の形である。
　中古語のアスペクト体系は、「ぬ」「つ」を用いた変化相、「たり」「り」を用いた結果相、それらの形式が付かない中立相というアスペクト諸形により構成される。

1.2　変化相（「―ぬ」「―つ」）

　「ぬ」と「つ」は、ともに状態の変化を表す形式である。変化した後の状態の発生が、述語事態の開始に伴う場合は「ぬ」が用いられ、述語事態の（開始から隔たった）終結に伴う場合は「つ」が用いられる。「ぬ」を用いた述語は事態の開始部を話者が観察しようとすることを示し、「つ」を用いた述語は事態の終結部を話者が観察しようとすることを示す。述語動詞が開始と同時に終結する動きを表す場合は、述語事態の開始のみが観察されうる（「落ちぬ」「果てぬ」「別れぬ」など）。

（3）　殿は粟田山越えたまひぬ。（源氏・関屋）
　　　〔殿は粟田山を**お越えになった**。〕
（4）　この君をいかにしきこえぬるにか。（源氏・紅葉賀）

〔この君をどんな目に**お会わせする**のか。〕

（5）　おのづから、若宮など生ひ出でたまはば、さるべきついででもあり<u>な</u>む。（源氏・桐壺）

〔いずれ若宮が成長なさりなどすれば、しかるべき機会も**ある**だろう。〕

（6）　事のありさまはくはしく<u>とり申しつ</u>。（源氏・夢浮橋）

〔事情は詳しく**申し上げた**（聞き手が事情を知るようになった）。〕

（7）　はてはいかに<u>し</u>つるぞ。（源氏・若菜下）

〔しまいにはどう**する**のか。〕

（8）　いと難きことなりとも、わが言はんことは<u>たばかり</u>てむや。

（源氏・浮舟）

〔たいへん難しいことであっても、私の言うことなら、**工夫してくれる**だろうか。〕

（9）　かう心憂ければこそ、今宵の風にも<u>あくがれ</u>なまほしくはべり<u>つれ</u>。

（源氏・野分）

〔このように情けないので、昨夜の風と一緒に**飛んで行ってしまいとうございました**（風がやんでどうしようもなくなった）。〕

　話者が述語事態の開始部を観察しようとするか、終結部を観察しようとするかは、述語の核となる活用語がもつ語彙的意味によって決まる傾向がある。活用語が動きの主体の状態変化を表す動詞（(3)「越ゆ」、(9)「あくがる」、「失す」「暮る」「潰る」「過ぐ」など）である場合は、「ぬ」が用いられることが多い。一方、活用語が動きの主体の動作を表す動詞（(6)「とり申す」、(8)「たばかる」、「渡す」「漏らす」「明かす」「見る」など）である場合は、「つ」が用いられることが多い。また、助動詞「（さ）す」（→第4章第3節）の後では「つ」が用いられ、受身の助動詞「（ら）る」（→第4章第2節）の後では、ほとんどの場合「ぬ」が用いられる。なお、丁寧語の補助動詞「はべり」と「けり」との間では「ぬ」が用いられる（→第1章(19)）。

　活用語が状態を表す存在動詞や形容詞の類である場合、その状態が過去の特定の時に存在した（と推量される）ときは、「つ」が用いられ（→(9)、「ありつ

第5章　アスペクト・テンス　49

らむ」)、それに該当しないときは、「ぬ」が用いられる(→(5)、「ありぬべし」)。

1.3　結果相(「─たり」「─り」)

　「たり」「り」は、動きが終結して、その結果が目に見える姿で存在することを表す形式である。「たり」「り」を用いた述語は、結果の存在という事態の時間的な一部のみを話者が観察しようとすることを示す。

(10)　　ここにぞ臥したる。(源氏・帚木)
　　　　〔ここに臥せっている。〕
(11)　　宮の御ありさまよりもまさりたまへるかな。(源氏・若紫)
　　　　〔父宮のお姿よりも優れていらっしゃるなあ。〕

　「たり」が「ぬ」「つ」と併せて用いられると、変化結果相(動きの開始に伴って生じた状態変化の結果が存在する)・結果変化相(動きの終結した結果の存在がさらに終結し、それに伴って状態が変化した)の形をつくる。

(12)　　【変化結果相】この御殿あつかひにわびにてはべり。(源氏・野分)
　　　　〔この雛の御殿は、取り扱いに困り果てています。〕
　　　　※「てはべり」は「たり」の丁寧な形。
(13)　　【結果変化相】伏籠の中に籠めたりつるものを。(源氏・若紫)
　　　　〔(雀の子を)伏籠の中に入れてあったのに(逃げていなくなった)。〕

1.4　中立相

　「ぬ」「つ」、「たり」「り」などの形式が付かない述語は、変化相でも結果相でもないアスペクトの形となる。これを中立相と呼ぶ。この中立相(非変化非結果相)の述語では、話者は事態の時間的な全部を観察しようとする(完成相相当)か、または、事態の開始部でも終結部でもなく、終結後でもない

時間的な一部のみを観察しようとする(不完成相相当)。さらに、述語が特定性・個別性を離れた事態群を表す場合(習慣的完成相相当)もある。

(14) 【完成相相当】いかなる行き触れにかからせたまふぞや。(源氏・夕顔)
〔どのような穢れに**ご遭遇なさった**のか。〕

(15) 【完成相相当】この上の聖の方に、源氏の中将の、瘧病まじなひにものしたまひけるを、ただ今なむ聞きつけはべる。(源氏・若紫)
〔ここの上の聖の坊に、源氏の中将が瘧病のまじないにいらっしゃったというのを、たった今**聞きつけました**。〕

(16) 【習慣的完成相相当】まうとは、何しにここにはたびたびは参るぞ。
(源氏・浮舟)
〔あなたは何のために度々ここに**来る**のか。〕

(17) 【不完成相相当】公の御近き衛りを、私の随身に領ぜむと争ひたまふよ。(源氏・横笛)
〔帝にお近い警護の人を、自分の随身にしようと**争いなさっている**よ。〕

(18) 【完成相相当】烏などもこそ見つくれ。(源氏・若紫)
〔烏などが**見つける**といけない。〕(→第6章3.3)

(19) 【不完成相相当】もし尋ね来る人もやある。(源氏・手習)
〔ひょっとして探しに来る人が**いる**のではないか。〕

1.5 「てゐ(る/た)」のアスペクト形式化

中世末期の口語においては、裸の動詞が不完成相(動きの時間的な一部のみを話者が観察しようとする)の意味を表しえた(→福嶋2004)。

(20) その時エソポ…もの言ふことも叶はいで、顔うち赤めて**とちめく**によつて、(エソポ・エソポの生涯の事)
〔その時エソポは…ものを言うこともできずに、顔を赤くして**慌てている**ので、〕

第5章 アスペクト・テンス 51

(21)　誠になくかと思うたれば、そばに水を置いて目へぬる。

（虎明狂言・墨塗(すみぬり)）

〔本当に泣いているのかと思ったら、そばに水を置いて目に塗っている。〕

　江戸時代に入ると、(動詞連用形＋)「て」＋**存在動詞**(「ある」「ゐる」「をる」など)の形がほぼ**文法化**(→第15章第3節)し、「てゐ(る／た)」が(20)(21)などの例のもつ不完成相の意味を表すようになった。

(22)　わしや一日泣いてゐた。（ひぢりめん卯月の紅葉・上）

2. テンス

2.1　テンスとは

　現代日本語では、文の主節の述語に「た」を伴う形と伴わない形との対立があり、文法範疇を成している。

(23)　a.　娘はこの着物を成人式の時に着た。
　　　b.　彼女は着物を着ていただろう。
　　　c.　きのうは寒かった。
　　　d.　彼は去年はもう大学生だったそうだ。
(24)　a.　娘はこの着物を成人式の時に着る。
　　　b.　彼女は着物を着ているだろう。
　　　c.　きょうは寒い。
　　　d.　彼は大学生だそうだ。

　(23)のように「た」を伴う形は、述語の時が発話時より前であることを示し、(24)のように「た」を伴わない形は、述語の時が発話時と同時(b-d)、または発話時より後(a)であることを示す。このように、述語の時とある基

準時との前後関係によって、述語が体系的に異なる形態をとる場合、それらの形態の対立を指して、テンス(Tense: 時制)と呼ぶ。「た」を伴うものは「以前」の形、伴わないものは「非以前」の形である。テンスの基準時は通常、**発話時**であり、発話時は時間軸の上を過去から未来へと移動し続ける。

　中古語のテンス体系は、述語のモダリティによって異なる。たとえば、推量のモダリティ形式「む」「らむ」「けむ」は、テンスの形式を兼ねている(→第6章2.1)。

2.2　確言の述語の無テンス性

　中古語における変化相の述語のモダリティが確言(モダリティ形式を伴わず、話者が命題事態を事実と認める述べ方。疑問文においては、事態を事実と認めてよいか否か、または、どのような事態を事実と認めるべきかを疑う)であるとき、述語の時が発話時に対して以前(→(3)(6)(9))の場合も、以後(→(4)(7))の場合も、述語は同じ形態をとる(変化相述語の時が発話時と同時になることは通常はない)。すなわち、確言の変化相述語には、発話時を基準時とするテンスが認められない。

　また、中古語における中立相の述語のモダリティが確言であるとき、述語の時が発話時に対して以前(→(14)(15))、同時(→(16)(17))、以後(→(18)(19))のいずれの場合も、述語は同じ形態をとる。すなわち、確言の中立相述語には、発話時を基準時とするテンスが認められない。

2.3　「き」と「けり」

　中古語の「き」と「けり」は、モダリティ形式に前接することがなく、それら自身が一種の判断のモダリティを表す形式といえる。2.2で見たように、確言の述語では、述語の時は時間軸上に定位されない。これに対して、「き」による述語では、話者が事態を実際に観察した時が、述語の時として時間軸上に定位される。また、「けり」による述語では、話者が述語の時より後で

取得した事態についての情報（伝聞情報を含む）に基づいて、述語の時が時間軸上に定位される。過去の時を表す副詞類が用いられると、ほとんどの場合、非推量の述語は「き」「けり」をとる（→(25)(27)）。

(25) 【変化相】昨夜、御車率て帰りはべりにき。（源氏・宿木）
〔昨夜（匂宮を宮中に残して供の者だけが）お車を引いて帰って来ました。〕
※話者は車が帰り着くのを実際に観察した。

(26) 【中立相：習慣的完成相相当】皇子たちあまたあれど、そこをのみなむかかるほどより明け暮れ見し。（源氏・紅葉賀）
〔皇子たちは大勢いるが、そなただけを、このように小さい時から明け暮れ見てきた。〕

(27) 【変化相】初瀬になん、昨日みな詣でにける。（源氏・手習）
〔初瀬詣でに昨日皆出かけてしまったそうだ。〕
※話者は家族が出立した後で、そのことについて留守番の者から聞いた。

(28) 【結果相】今宵、中神、内裏よりは塞がりてはべりけり。（源氏・帚木）
〔（暦の上でもともと）今夜は、天一神が、内裏からは方塞がりになっているのでした。〕
※話者は、暦の状態を聞き手に知らせるべきであった時より後で、その状態に気付いた。

モダリティが「き」「けり」によるとき、述語の時は必然的に発話時以前となる。しかしながら、非推量の述語は述語の時が発話時以前なら「き」「けり」をとるという原則がない（→(3)(6)(9)(14)(15)）ため、「き」「けり」はテンスを表す形式とはいえない。

2.4 「た」のテンス形式化

「たり」は元来、動きが終結してその結果が存在する状態を表す形式であったが、平安時代のテクストにおいて既に、「たり」を用いた述語で、結果の

存在を含意しながら、完成相かつ述語の時が発話時以前とも解釈されうる例が普通に見られる。

(29) いみじううつくしきもの得たり。(源氏・薄雲)
　　〔たいそうかわいらしい子を得た(その子は眼前にいる)。〕

　「たり」が変化した「た」という形式の確例は、鎌倉時代から現れる(→(30))。中古語において、状態を表す活用語に「たり」は付かなかったが、室町時代には状態的活用語に「た」の付いた例が見られるようになる(→(31)(32))。

(30) 橋をひいたぞ、あやまちすな。(平家・巻4)
　　〔橋板を外してあるぞ。けがをするな。〕
(31) 本国デハワルカツタガ別ノ所ヘイツテヨカツタ事ゾ。(史記抄・巻11)
(32) ムネガワルウテ嘔吐シテヘドヲツキヲツタゾ。(四河入海・巻25–3)

　一方で、中世末期の口語においても動詞に付いた「た」は結果の存在を表しえた(→福嶋2002)。

(33) まづその方は何事を知つたぞ。(エソポ・エソポの生涯の事)
　　〔そもそもおまえは何を知っているのだ。〕
(34) それ左の手があいたは。(虎明狂言・昆布売)
　　〔ほら左手が空いているじゃないか。〕

　江戸時代には、文法化した「て＋存在動詞」(→1.5)が、(30)(33)(34)のような「た」の表していた意味を担う形式となった。

(35) おれがそれも知つてゐる。(曽根崎心中・生玉の場)
(36) 戸の明いてあるからはと、しかも念入れ廻るところ、(薩摩歌・上)

■史的変遷のポイント

　「た」が状態的活用語にも付くようになり、結果の存在の意味を主に「て＋存在動詞」が表すようになって、日本語では、基本的にすべての（意志表明や希求でない）判断の述語が、「た」を伴うか伴わないか（述語の時が発話時に対して以前か非以前か）により対立する、すなわちテンスをもつように変わった。テンスと関係のない「た」の意味は、現代語においても名詞修飾（連体）用法に残っている（「よく知った顔」「空いた場所がない」）。

　また、「て＋存在動詞」が、結果の存在に加えて不完成相の意味をも表すようになったことで、動きを表す述語動詞が、「てい（る／た）」を伴う（既然相）か伴わない（完成相）かにより対立するという、現代日本語のアスペクト体系が成立した。

■研究テーマ

1)「完了」の助動詞

　古典文法では、助動詞「ぬ」「つ」は「完了（～てしまう、～（てしまっ）た）」「強意（きっと～する（だろう））」を表すとされる。変化相の述語の時が発話時以前である（→(3)(6)(9)）場合に「～た」と訳されるのは、現代語のテンスの規則に従っている。

　中古語のアスペクトにかかわる研究は、「ぬ」と「つ」の意味および互いの相違点について、あるいはそれぞれの形式に前接する品詞の種類の相違について論じたものが主である。山田（1908）は、「ぬ」「つ」ともに〈確述〉（〈陳述〉を確かめる）を表すもので、「ぬ」は事態を傍観的に説明し、「つ」は事態を直写的に説明するとしている。また、中西（1957）は、「ぬ」は状態発生的変化を意味する動詞（「なる」に代表される）に後接して状態の発生を表し、「つ」は完了的動作を意味する動詞（「なす」に代表される）に後接して動作の完了を表すとしている。

2)「過去」の助動詞

古典文法では、助動詞「き」は「過去（〜た）」を表すとされ、助動詞「けり」は「過去（〜た、〜たそうだ）」「詠嘆（〜たのだ、〜たなあ）（→第6章3.2）」を表すとされる。

中古語のテンスにかかわる研究は、「き」と「けり」の意味および互いの相違点について論じたものが主である。細江（1932）は、「き」は〈目睹回想〉（話者が親しく経験した事柄を語る）を表し、「けり」は〈伝承回想〉（他からの伝聞を告げる）を表すとしている。また、春日（1942）は、「けり」の語源を「来あり」と解釈した上で、「き」が過去を表すのに対し、「けり」は動作が過去から継続して現在に至っていることを表すのが原義であるとしている。

参考文献
井島正博（2011）『中古語過去・完了表現の研究』ひつじ書房
春日政治（1942）『西大寺本金光明最勝王経古点の国語学的研究』岩波書店（再録（1985）『春日政治著作集 別巻』勉誠社）
加藤浩司（1998）『キ・ケリの研究』和泉書院
金水敏（2006）「日本語アスペクトの歴史的研究」『日本語文法』6-2
鈴木泰（2009）『古代日本語時間表現の形態論的研究』ひつじ書房
中西宇一（1957）「発生と完了―「ぬ」と「つ」―」『国語国文』26-8
福嶋健伸（2002）「中世末期日本語の〜タについて―終止法で状態を表している場合を中心に―」『国語国文』71-8
福嶋健伸（2004）「中世末期日本語の〜テイル・〜テアルと動詞基本形」『国語と国文学』81-2
福田嘉一郎（2009）「日本語動詞のアスペクトと寺村文法」『月刊言語』38-1
細江逸記（1932）『動詞時制の研究』泰文堂
山田孝雄（1908）『日本文法論』宝文館

(((((((コラム4:「明けん年ぞ五十になりたまひけるを」)))))))

『源氏物語』「少女」の巻に、次のような一節があります。

式部卿宮、明けん年ぞ五十になりたまひけるを、御賀のこと、対の上思し設(まう)
くるに、大臣(おとど)もげに過ぐしがたきことどもなり、と思して、さやうの御いそ
ぎも、同じくはめづらしからん御家居(いへ)にてと急がせたまふ。
〔式部卿宮は来年五十歳になられるのだったが、そのお祝いのことを紫の上がもう考え
ていらっしゃるので、源氏の大臣も、確かにこれはほうっておけない行事だとお思い
になって、そのようなご準備も同じことなら新築のお屋敷でと、工事を急がせなさる。〕

　竹岡正夫(1963)「助動詞「けり」の本義と機能」(『国文学 言語と文芸』31)
は、「けり」は物語中の現場から離れた「あなたなる場」での事態を述べるた
めの形式であるとしています。この説によれば、上の例では、「けり」を伴う
述語が、物語中の時から見て未来(「明けん年」)に属する事態を表していると
いうことになります。
　しかしながら、問題の例は物語の地の文(語りの部分)に現れるものです。
地の文の発話時現在を、物語中の時または物語の執筆時のいずれかに分ける
のは、実際には難しいことです。述語一般にテンスがある現代語においても、
「かおるにはしなければならぬ仕事はまだ沢山あった。明日も明後日もアパー
トの片付けで忙しかった」(井上靖『氷壁』)のような例が見られます。さらに、
仮に発話時現在が物語中の時であったとしても、「来年50歳になる」といっ
た暦の上の事柄は、もともとそのように決まっている、過去から存在した事
態と捉えられることもありえました(→第5章例(28))。

第6章
モダリティ

　話し手の判断や発話態度を表す文法カテゴリーをモダリティと呼びます。この章では、話し手の判断を表す、「む」「べし」「めり」などのモダリティ形式を取り上げ、それらの意味・用法について解説します。

基本例
a. 海賊報いせむ。（土佐・1月21日）
〔海賊が仕返しをするだろう。〕
b. 子となりたまふべき人なめり。（竹取・かぐや姫の生ひ立ち）
〔子とおなりになるはずの人のようだ。〕
c. 龍の首に五色に光りある玉あなり。（竹取・龍の首の玉）
〔龍の首に五色に光り輝く玉があるそうだ。〕
d. 鏡に色、形あらましかばうつらざらまし。（徒然・235段）
〔鏡に色や形があったとしたら、ものが映らないだろう。〕
e. 月ばかりおもしろきものはあらじ。（徒然・21段）
〔月ほど興味深いものはないだろう。〕

KEYWORDS：モダリティ形式、推量、推定、証拠性、婉曲用法

1. モダリティとは

　モダリティとは、話し手の判断や発話態度を表現し分ける文法カテゴリーである。古代語の場合は、現代語と同様に、話し手の判断に関するものは主に助動詞によって表される。一方、発話態度に関するものは、主として文末

助詞（終助詞）によって表現される。本章では、判断を表すモダリティの中で、事態の真偽判断・価値判断に関わる表現形式（以下、モダリティ形式と呼ぶ）を中心に見ていくことにする。古代語の主なモダリティ形式を挙げておこう。

系	表現形式
ム系	「む」「らむ」「けむ」「まし」
アリ系	「めり」「終止なり」
形容詞系	「べし」「まじ」
特殊系	「じ」

　これらは伝統的な助動詞論で「推量の助動詞」と呼ばれてきたものである。意味の主観性・客観性の観点から、**推量の助動詞**（ム系・特殊系）と**推定の助動詞**（アリ系・形容詞系）に分ける考え方もある。その他のモダリティ形式として、「べらなり」「らし」「むず」などがある。

2. モダリティ形式の意味・用法

2.1　ム系：「む」「らむ」「けむ」「まし」

　まず、ム系のモダリティ形式について見ていこう。「む」「らむ」「けむ」は時制によって機能分担がなされている。「む」は未来に起こりうる事態を推測・予想する。「らむ」は現在の事態、「けむ」は過去の事態に対する推量を表す。

（１）　海賊報いせ**む**。（土佐・1 月 21 日）
　　　〔海賊が自分たちに仕返しをする**だろう**。〕
（２）　ふるさとは雪とのみこそ花は散る**らめ**（古今・111）
　　　〔今頃昔の都では雪のように花が散っている**だろう**〕
（３）　京や住み憂かり**けむ**、（伊勢・8 段）

〔京が住みにくかったのだろうか、〕

　「らむ」「けむ」は、(4)(5)のように、事態の原因・理由を推量する**原因推量**の用法を持つ(→「研究テーマ」)。

(4)　あはれてふ言をあまたにやらじとや春におくれてひとり咲く**らむ**

（古今・136）

　　〔「素晴らしい」という言葉を他の桜にやるまいと思って、春に遅れて一本だけ咲いている**のだろうか**〕

(5)　笠取の山はいかでかもみぢそめ**けむ**（古今・261）

　　〔笠取山はどうして木々が色づきはじめた**のであろうか**〕

　一方、「む」は単独で原因推量用法を持たず、「〜にやあらむ」「〜ならむ」などの複合用法によって原因推量を表すことが可能となる。「む」は主語が一人称の場合、意志を表す。

(6)　われこそ死な**め**。（竹取・天の羽衣）

　　〔私の方こそ死んで**しまおう**。〕

「む」は勧誘・命令表現でも用いられることがある。

　「まし」は反事実条件文の標識であり、「反実仮想の助動詞」と呼ばれている。

(7)　あひ見ずは恋しきこともなから**まし**（古今・678）

　　〔お逢いすることがなかったら、こんなに恋しく思うこともなかった**だろう**〕

(8)　世の中に絶えて桜の無かりせば春の心はのどけから**まし**（伊勢・82段）

　　〔世の中に桜が無かったら、人々の春の心持ちはどんなに穏やかなもの**だろう**〕

　「まし」はマ<u>セ</u>、マ<u>シ</u>、マ<u>シカ</u>のように、助動詞「き」と形態的に共通する

第6章　モダリティ　61

部分がある。

なお、現代語の反事実条件文の帰結では、「だろう」「かもしれない」「はずだ」などが用いられ、「まし」のような特定の形式は認められない。

2.2 アリ系：「めり」「終止なり」

「めり」「終止なり」は形態的にアリを含んでいる。両者は、事態を知覚によって捉えたことを表す。「めり」は視覚、「終止なり」は聴覚と関係が深く、いずれも**証拠性判断**の形式といえる。証拠性（evidentiality）は言語類型論的な観点からモダリティを記述する上で有効な視点である。最近の方言研究においても、テンス・アスペクト記述の視点として注目されている（→工藤2006）。

次に、「めり」「終止なり」の意味・用法を見ていく。まず、「めり」の例を挙げる。

（9）　龍田川紅葉みだれて流る**めり**（古今・283）
　　　〔龍田川に様々な紅葉が乱れて流れている**ようだ**〕
（10）「人違(たが)へにこそ侍る**めれ**」（源氏・帚木）
　　　〔「人違いでございましょう」〕

（9）は視覚による事態把握、（10）は婉曲を表す例である。なお、上代では、「めり」の確例は一例だけしかなく（「…をぐさ勝ちめり」（万葉・3450））、しかも連用形接続であった。上代において事態を視覚で捉える表現としては「終止形＋見ゆ」が用いられていた。この表現は一般に**見ゆ留(どめ)**と呼ばれている。

（11）　沖つ波畏(おそろ)しき海に舟出せり**見ゆ**（万葉・1003）
　　　〔荒波の立つ恐ろしい沖に舟を出しているのが**見える**〕

次に「終止なり」を見よう。「終止なり」は本来、事態を聴覚で捉えたことを表していた。

(12)　秋の野に人まつ虫の声す**なり**（古今・202）
　　〔秋の野で「人を待つ」と言われる松虫の声が**聞こえる**〕

〈事態を聴覚で捉える〉という意味が拡張され、現代語「〜するそうだ」にあたる伝聞用法の獲得に至ったのである。

(13)　龍の首に五色の光ある玉あ**なり**。（竹取・龍の首の玉）
　　〔龍の首に五色に光り輝く玉があるそうだ。〕

「終止なり」については、断定の助動詞「なり」（→「連体なり」第10章第3節）との識別に注意する必要がある。前接要素の活用形が終止形か連体形かで識別できることが多いが、ラ変型活用語や四段活用動詞（終止形・連体形が同形）の場合は、活用形で識別できないので、別の識別法によらねばならない。（→研究テーマ・コラム5）

平安後期になると、「めり」「終止なり」は、判断の意味が希薄化し、婉曲用法の例が目立つようになる。

2.3　形容詞系：「べし」「まじ」

形容詞系モダリティ形式は、機能面では文中用法（従属節での生起）が活発であり、意味の面では多義性を有することが特徴的である。
　まず、「べし」について見よう。「べし」は以下のような、多様な意味を表す。

(14)　【推定】この人々の深き志は、この海にも劣らざるべし。

第6章　モダリティ　63

(土佐・1月9日)

〔この人々の深い心ざしは、この海にも劣らない**だろう**。〕

(15) 【様態】浪荒れつつ海の底にも入りぬ**べく**、（竹取・蓬萊の玉の枝）

〔浪が荒れては今にも海底に沈み**そうになり**、〕

(16) 【当然】子となりたまふ**べき**人なめり。（竹取・かぐや姫の生ひ立ち）

〔子とおなりになる**はず**の人のようだ。〕

(17) 【義務】駿河の国にあなる山の頂(いただき)にもてつく**べき**よし仰せ給ふ。

(竹取・富士の煙)

〔駿河の国にあるという山の頂上に持って行か**なければならない**旨をお命じになる。〕

(18) 【可能】身をかくす**べき**宿求めてむ。（伊勢・59段）

〔身を隠す**ことのできる**宿を探そう。〕

(19) 【意志】我はかくて閉ぢこもりぬ**べき**ぞ。（更級・修学院の尼）

〔私はこうして引っ込んでしまう**つもりだ**。〕

「べし」は認識的意味と当為的意味を表す点で英語の法助動詞 must などと共通する。また、否定辞が下接し、仮定条件節内で生起可能といった性質から、事態的意味が濃く、判断的意味が希薄な形式といえる。

「べし」は、現在の方言では、「べー」という形で関東地方を中心に各地で用いられている。現代語「べきだ」は「べし」に由来するものである。

「まじ」は、**否定推量**を表すモダリティ形式である。やはり多義性を有しており、「べし」の意味の否定にあたる。《不適当》《不必要》《不可能》を表す。

(20) 雀などのやうに常にある鳥ならば、さもおぼゆ**まじ**。（枕・鳥は）

〔雀などのように、いつもいる鳥ならそうも思わ**ないだろう**。〕

(21) かねて、求めなどはす**まじ**。（堤・貝合せ）

〔あらかじめ探すことはする**まい**。〕

「まじ」は、現代語では「〜まい」という形で残っているが、多くの場合、文章語として用いられる。

2.4 特殊系：「じ」

「じ」は否定推量・否定意志を表す形式である。形態・意味の面で否定の助動詞「ず」との関係が強い。「じ」はモダリティ形式の中でかなり特殊な存在である。

まず、活用で形が変化しない、いわゆる**不変化助動詞**である（→金田一 1953）。古代語では已然形の確かな例が見られず、「ぞ」「なむ」「こそ」といった係助詞の結びにならない。**助動詞の相互承接**（助動詞の連結順序）の最下位に位置することも考え合わせると、文の意味的階層においては、「じ」は終助詞に近いところに位置するといえる。

(22)　月影のいたらぬ里もあらじ（古今・880）
　　　〔月の光が行き届かない里はある**まい**〕
(23)　京にはあらじ、（伊勢・9段）
　　　〔京には居る**まい**、〕

ここで、「べし」「まじ」「む」「じ」の意味関係を示すと、おおよそ下図のようになる。

	肯定	否定
事態的	べし	まじ
判断的	む	じ

第6章　モダリティ　65

3. モダリティ形式の周辺

3.1 願望

　願望のモダリティは、上代では終助詞によって担われていたが、中古以降、助動詞形式によっても担われるようになった(→第7章)。中古語では、「まほし」が《願望》を表す。

(24)　いと恋しければ、行か**まほしく**思ふに、（更級・乳母の出産）
　　　〔とても恋しいので、行き**たい**と思っていると、〕

　「まほし」は、「む」のク語法「マク」に接尾語「ほし」がついた形である。平安末期頃から、願望表現形式として「たし」が盛んに用いられるようになり、やがて「まほし」に取って替わる。

(25)　敵にあうてこそ死に**たけれ**。悪所に落ちては死に**たからず**。

　　　　　　　　　　　　　　　　　　　　　　　　　　　　（平家・巻9）
　　　〔敵に出会って死に**たい**。危険な所に落ちては死に**たくない**。〕

　この「たし」が「〜たい」となり、現代語の願望形式となっているのである。

3.2 詠嘆

　詠嘆のモダリティは、多くは終助詞によって担われるが、「けり」が《詠嘆》を表す場合がある。

(26)　犬などもかかる心あるものなり**けり**。（枕・うへにさぶらふ御猫は）
　　　〔犬などにもこんな心があったのだ**なあ**。〕

「なり」「たり」など、アリ系活用語に下接する「けり」は《詠嘆》を表すことが多い。とりわけ、断定「なり」との連接形である「〜なりけり」は「なりけり構文」として注目され、文章・文体研究への応用がなされている。

3.3 危惧

　複合係助詞「もぞ」「もこそ」は《危惧》を表す。

（27）　門よくさしてよ、雨もぞ降る。（徒然・104 段）
　　　　〔門をよく閉めておけ、雨が降るといけないから。〕
（28）　色には出でじ人もこそ知れ（古今・104）
　　　　〔色には出すまい、人が知ったら大変だから〕

　ただし、これらの複合係助詞が《危惧》を表し得た理由については未だ解明されていない。

4.「む」と「だろう」

　推量形式といえば、古代語では「む」、現代語では「だろう」が代表的なものであろう。両者は、疑問文において生起する点、テンス形式が後接しないという点で共通する。しかし違いもある。「む」は、「花咲かむ」のように動詞と一体化しており、「ず」「まし」などと同様、未然形叙法の形式と言える。一方、「だろう」は、「［花が咲く］だろう」のように事態に外接している。
　また、「む」はしばしば連体用法で用いられるが、「だろう」は連体用法では使いにくい。

（29）　思はむ子を法師になしたらむこそ、（枕・思はむ子を）
（30）？可愛がっているだろう子を、…

「む」は確認要求用法を持たないが、「だろう」は確認要求を表すことができる。

(31)(取調室で)おまえが犯人だろう！

このように「む」と「だろう」はかなり性質が異なる面がある。

■史的変遷のポイント

古代語では、過去推量(=「けむ」)、否定推量(=「まじ」「じ」)のように、《過去》と《推量》、《否定》と《推量》が一体化して、一つの形式で表される。それに対して現代語では、「た＋だろう」「ない＋だろう」のように分析的な表現となる。また、「べし」「まじ」は多義的であり、一つの形式で認識的意味と当為的意味とを合わせもっていた。一方、現代語では、認識的意味(「だろう」「はずだ」類)と当為的意味(「べきだ」「なければならない」類)で表現形式が分化している。

以上から、**一体的表現から分析的表現へ**というモダリティ表現の変遷の傾向が見てとれる。ただし、古代語にも「ざらむ」(「ず」＋「む」)、「ならむ」(「なり」＋「む」)、「べかめり」(「べし」＋「めり」)などのように分析的表現がないわけではない。

古代語では**叙法副詞**(モダリティ副詞)が未発達であったため、モダリティ形式と叙法副詞との呼応が見られない。現代語では「たぶん～だろう」「もしかしたら～かもしれない」のように、特定の副詞とモダリティ形式との呼応が発達している(→工藤 1982)。

■研究テーマ

1) なり論争

助動詞「なり」が同一形式か、別形式かをめぐる議論を**なり論争**と呼ぶ。

「終止なり」と「連体なり」の区別については、近世期において本居宣長、富士谷成章の記述があり、もともと両者は《断定・詠嘆》を表す同じ形式として扱われていた。終止形につく「なり」が《伝聞推定》を表すことを最初に主張したのは松尾捨治郎である。松尾説は「伝聞推定説」と呼ばれている。佐伯梅友は「信濃にあんなる木曽路川」の例（→コラム5）を提示して、松尾説を補強した。その後、北原保雄らの研究により、「終止なり」は《伝聞推定》を表し、「連体なり」は《断定》を表すという説が定着している。

2)「しづ心なく花の散るらむ」
「久方の光のどけき春の日にしづ心なく花の散るらむ」（古今・84）
この歌の「らむ」が《推量》を表すとする説と《詠嘆》を表すとする説（本居宣長「かなの意に通ふらむ」）がある。構文的観点からは、「らむ」が主格助詞「の」の結びの位置にあることが問題になる。近藤（2000）が指摘するように、モダリティ形式は原則的に主格助詞「の」の結びにはならないのだが（*「花の咲かむ」）、「らむ」だけがその例外となる。高山（2002）では、「らむ」が準体句を受けているという解釈を提示している。

3)「べし」の成立と意味
「べし」の成立については、副詞「うべし」起源説（佐伯1950）や接尾語起源説（阪倉1969）などがある。「べし」は多義性を持つが、中核的な意味をどのように考えるかという問題がある。中西（1969）は、様相的推定（〜シソウダ）、論理的推定（〜スルハズダ）という二つの核的意味を仮定する。「べし」の意味は、英語の法助動詞（can, may, must など）におけるエピステミックモダリティ（epistemic modality）、デオンティックモダリティ（deontic modality）の区別と類似する点があり、対照研究の視点からも興味深い。「べし」の成立・意味については、高山（2002）を参照されたい。

参考文献

大鹿薫久（2004）「モダリティを文法史的に見る」『朝倉日本語講座6　文法Ⅱ』朝倉書店
尾上圭介（2001）『文法と意味Ⅰ』くろしお出版
北原保雄（1981）『日本語助動詞の研究』大修館書店
金田一春彦（1953）「不変化助動詞の本質―主観的表現と客観的表現の別について―」『国語国文』22-2, 3
工藤浩（1982）「叙法副詞の意味と機能―その記述方法をもとめて―」『国立国語研究所報告』71
工藤真由美（2006）「アスペクト・テンス」『シリーズ方言学2　方言の文法』岩波書店
近藤泰弘（2000）『日本語記述文法の理論』ひつじ書房
佐伯梅友（1948）「『信濃にあんなる木曽路河』から」国語学会公開講演会資料
佐伯梅友（1950）『奈良時代の国語』三省堂
阪倉篤義（1969）「『べし』『らし』『らむ』『けむ』について」『佐伯梅友博士古稀記念　国語学論集』表現社
澤田治美（2006）『モダリティ』開拓社
高山善行（2002）『日本語モダリティの史的研究』ひつじ書房
鶴橋俊宏（2013）『近世語推量表現の研究』清文堂出版
中西宇一（1969）「「べし」の意味―様相的推定と論理的推定―」『月刊文法』2-2
松尾捨治郎（1936）『国語法論攷』文学社
山口堯二（2003）『助動詞史を探る』和泉書院

((((((((コラム5:「信濃にあんなる木曽路川」))))))))

『平家物語』には、「終止なり」が伝聞を表すことを示す好例があります。以下は、信濃に流されていた按察大納言資賢が京に戻され、御所に参上する場面です。

　法皇、「いかにや、夢の様にこそおぼしめせ。ならはぬひなの住まひして、詠曲な(ン)ども今はあとかたあらじとおぼしめせども、今様(=流行の歌)一つあらばや」と仰せければ、大納言(=資賢)拍子と(ツ)て、「信濃にあんなる木曽路川」といふ今様を、これは見給ひたりしあひだ、「信濃にありし木曽路川」とうたはれけるぞ、時にと(ツ)ての高名なる。(平家・巻6・嗄声)

〔法皇が、「どうだろう、夢のように思われるぞ。馴れない田舎住まいをして、曲なども今はすっかり忘れているだろうと思うが、今様をひとつ歌ってもらいたいものだ」と仰せられたので、大納言は拍子をとって、「信濃にあんなる木曽路川」という今様を、この度は実際にご覧になっていたので、「信濃にありし木曽路川」と歌われたのは、当時皆から高い評価を得たものだ。〕

　資賢が、後白河法皇から歌の朗詠を求められた際に、「信濃にあんなる木曽路川」という歌詞を、「信濃にありし木曽路川」と替えて歌い、当時の人々から絶賛されたという話です。木曽路川は信濃にあるので、都の人々は実際に見ておらず、伝聞でしか知りえません。実際、元の歌詞では「終止なり」が使われており、「信濃にあるという木曽路川」という意味です。しかし、資賢は流罪にあって、信濃にいた経験がありました。そこで、機転をきかせて「終止なり」を「き」(この場合は連体形「し」)に替えて歌ったのです。「き」は直接体験した過去を表すので、「信濃に(実際に)あった木曽路川」という意味になります。つまり、この例の存在は、「終止なり」が伝聞の意味を表していたことを裏付けていることになるわけです。

第7章
感動表現・希望表現

　古代語の文には、話し手の発話態度としての感動や希望を表す多様な表現が見られます。この章では、「か」「かな」「や」などの感動を表す終助詞、「もが」「ばや」「てしか」「にしか」などの希望を表す終助詞の意味・用法を中心に解説していきます。「感動喚体」「希望喚体」と呼ばれる古代語特有の文型についても見ていきます。

基本例
a. 行くかたの無きわが心かな（古今・462）
　〔やりどころのない私の心であるよ〕
b. 梳(くし)けづることをうるさがりたまへど、をかしの御髪(みぐし)や。（源氏・若紫）
　〔櫛を入れるのをいやがられるけれども、きれいな御髪ですこと。〕
c. 尋ねゆく幻もがな。（源氏・桐壺）
　〔(魂を)捜す幻術士がほしいものだ。〕
d. いかでこのかぐや姫を得てしかな、見てしかな。
　　　　　　　　　　　　　　　　（竹取・貴公子たちの求婚）
　〔なんとかしてかぐや姫を妻に迎えたいものだ、妻として逢いたいものだ。〕

KEYWORDS：喚体句、述体句、終助詞、希求、願望

1. 古代語の終助詞

　古代語が現代語と異なる点として、話し手の情意や意図にかかわる助詞、すなわち終助詞が豊富であり、かつ文の構成に積極的にかかわるという点が

ある。その典型が、第1章第2節で述べた喚体句である。本章では喚体句を中心に、古代語の感動表現と希望表現を概観する。

2. 感動喚体句

　感動喚体句の典型は、第1章で述べたように「連体修飾部＋体言＋助詞」という形式である。しかし、古代語の感動喚体句は種類が豊富で、それぞれ性格が微妙に異なっている。

2.1　助詞「か」「かな」「かも」

（1）　明日さへ見まく欲しき君かも（万葉・1014）
　　　〔明日もまたお逢いしたく思うあなたです〕
（2）　心弱くもおつる涙か（古今・809）
　　　〔心弱くも涙が落ちることであるよ〕
（3）　「…不便なるわざかな。」（源氏・夕顔）
　　　〔…具合の悪いことですねえ。〕

これらは感動喚体の代表的な形式である。上代には「かも」、中古以後には「かな」が多く用いられた。「かも」「かな」については、「花かも」「雪かな」のような連体修飾語を伴わない用例は古代語には見あたらない。

2.2　助詞「や」

（4）　くちをしの、花の契りや。（源氏・夕顔）
　　　〔残念な、花の宿命であるなあ。〕

「や」による感動喚体句は平安時代に入ってから用いられた。連体修飾語に特徴があり、形容詞・形容動詞の語幹に助詞「の」が後接した形になって

いる。このような形は先の「か」「かも」「かな」には見られず、活用語の連体形をとるものもない。

2.3　助詞「よ」

（5）　いにしへだに、知らせ奉らずなりにしあか月の別れよ。（源氏・野分）
　　　〔昔の若かった頃さえ、一度もあなたに味合わせ申さずじまいになった暁の別れですよ。〕

「よ」は、「少納言よ。」（源氏・若紫）のような対人的な呼びかけの一語文にも用いられる。「かも」「かな」による喚体句は、一語文とは連続的ではないが、この「よ」によるものは、一語文と同質であり、次の無助詞の喚体句に近いと考えられる。

2.4　無助詞の感動喚体句

（6）　あさぼらけ有明の月と見るまでに吉野の里に降れる白雪（古今・332）
　　　〔夜明けがた、有明の月だと見るほどまでに、吉野の里に降っている白雪よ〕

（6）のように助詞を後接しない構文は、（降り積もった雪を見て）「雪！」というような一語文に連続的である。

以上、感動喚体句（2.1～2.4）には、「かな」「かも」のように、一語文による呼びかけや感動の表現とは異質なタイプと、呼びかけや感動の一語文と同質のタイプが見られる。

2.5　体言を骨子としない感動喚体句

通常の述体と同じく主語＋述語の語順でありながら、文全体が一つの体言

相当の形となったものがある。これらも、主述の対立が抑制され、文全体が一つの名詞相当になり、感動を表現しているので、感動喚体句として扱う。

(a) 「—さ」による喚体句
（7）　秋萩をしがらみ伏せて鳴く鹿の目には見えずて**音のさやけさ**
（古今・217）
〔秋萩をからみ倒しながら鳴いている鹿は、姿は目に見えないけれど、なんとその声の澄みとおっていることよ〕

文末述語に形容詞を体言化する接尾語「—さ」がついて、文全体が体言化されたものである。上代では、この「—さ」の用例のほとんどが、このような喚体句を構成している。

(b) 連体形終止文
（8）　吹く風の誘ふものとは知りながら**散りぬる花のしひて恋しき**（後撰・91）
〔吹く風が花を誘って散らすものとは知っているが、散ってしまった花がひどく恋しく思われることだ〕

　連体形終止文そのものは、さまざまな表現効果を帯びて用いられるが、和歌などで感動の表現に用いられたものは喚体句に近い。
　以上見たように、感動喚体句は一語文との連続性を感じさせるもの、通常の文に近いものなど、多様な姿を見せている。
　一方、これらとは別に、通常の述体形式に「かも」「かな」の後接した例がある。

（9）　はかなきことにつけても、ものあはれなる気色さへそはせ給へるは、あいなう心苦しうもある**かな**。（源氏・賢木）
〔些細なことにつけても、しみじみとした様子までもそなわっておられるのは、とてもおいたわしいことです。〕

文末に「かも」「かな」が置かれることから、喚体句と連続した面があるが、主語と述語の対立は明確である。喚体句の定義からは外れており、述体としての詠嘆文である。

3. 希望喚体句

現代語の希求・願望表現は、「おもちゃがいっぱいほしい」「スペインに行きたいなあ」など、すべて述体句を用いて表現される。古代語では、そのような表現では、助詞が中心的な役割を担い、希望喚体句で表現されることが多い。

希望喚体句は、「連体修飾語＋体言＋助詞」という構成をとるのが普通であるが、連体修飾語がないものもある。また、「てしか」などは、活用語に終助詞が後接した形をとるもので、希望・願望の表現、あるいは命令・禁止の表現に近い。以下、体言を骨子とする希望喚体から、活用語に終助詞が後接した希求・願望表現までを見ていく。

3.1 「もが」による希望喚体句

典型的な希望喚体句は、体言に助詞が後接したものである。「たずねゆく幻もがな」（→基本例 c）では、現実には存在しない「幻」（幻術士）を求め、それが手に入れば、「亡き人の魂のありか」がわかるという望ましい事態が実現する。このように「もが(な)」による希望喚体は、〈望ましい事態実現のための手段となる事物を欲する〉という表現になる。現代語では「〜がほしい」という述体の形か現場に極度に依存した一語文的な形（「水!」）でしか表現できない。

この「もが(な)」は、体言だけでなく、形容詞や打消「ず」の連用形、断定の助動詞の連用形「に」に後接する。

（10）　石走る滝なく**もがな**（古今・54）

〔この滝が無ければよいのに〕

　この形になると、もはや体言を骨子とした表現とはいえなくなる。希望喚体句は、述語を中心とする表現に連続的なのである。

3.2　「てしか」「にしか」による希望表現

　「てしか」「にしか」の語源については諸説あるが、ここでは、用言の連用形に付く終助詞と考えておく。

（11）　年のはにかくも見**てしか**み吉野の清き河内のたぎつ白波（万葉・908）
　　　〔毎年こういう風に見たいものだ。み吉野の清澄な河内の泡立ち流れる白波を〕
（12）　いかで、ここならぬところにしばしあり**にしか**な。（源氏・東屋）
　　　〔どうにかして、よそにしばらく行っていたいものです。〕

　「てしか」は、上代から多く用いられてきた。「にしか」は、中古に登場した。「てしか」「にしか」は、体言を中心にした喚体句とはいえ、通常の述定タイプの文に近づいている。ただし、内容を伝達することに主眼のある述体の文とは異質である。これらの表現では、未実現の事態を描いてはいるが、それは、予想や仮想として述定されるのではない。あくまで希求感情の対象である、非存在の事態の描写に過ぎず、表現はその未実現事態を希求することで成り立っている。これらもやはり非述定タイプの文なのである。

3.3　「な」「ね」「ばや」「なむ」による希望表現

　「な」「ね」「ばや」「なむ」による表現は、喚体句には含まれないが、事態を希求する非述定タイプの表現である。そのことを決定づけるものが文末の助詞であることは共通している。これらは、事態に対する話し手自身の実現希望（願望）、あるいは他者の実現希望（希求）に用いられた。

（13）　潮もかなひぬ今は漕ぎ出で**な**（万葉・8）
　　　〔潮も思い通りに満ちてきている。さあ、今こそ漕ぎ出そう〕
（14）　君に我が恋ふる心示さ**ね**（万葉・725）
　　　〔君をお慕い申し上げる私の心をお見せしておくれ〕
（15）　かかるところに、思ふやうならむ人を据ゑて住ま**ばや**。（源氏・桐壺）
　　　〔こういう所に、理想的な人を妻として迎えて住みたいものだ。〕
（16）　よひよひごとにうちも寝**なむ**（伊勢・5段）
　　　〔毎夜毎夜どうか寝てしまってくれ〕

　「な」「ね」は上代に多く用いられ、中古には、もっぱら「ばや」「なむ」が用いられた。(13)(15)のように、自己の願望には「な」「ばや」、(14)(16)のように他者への願望（誂え）には「ね」「なむ」が用いられた。

■史的変遷のポイント

　喚体句は、現代語においては不活発である。感動表現は、「連体修飾語＋体言＋助詞」という喚体句形式から「連体修飾語＋体言＋ぢゃ・だ」というような通常の述定形式で表現されるようになった。それでも、近世には「ヲヽ、否な事かな。モウモウ、しみじみいやだ。」（浮世風呂・2上）のように感動喚体句による表現は一部残っていたし、助詞「よ」による喚体句表現は、書きことばの世界に残っている。話しことばの世界では、現場に依存した「あ、雪！」のような一語文のみが残り、表現形式としての感動喚体句は滅びている。

　希望喚体句は、現代では全く用いられていない。古代語「もが」「てしか」「ばや」「なむ」などは、中世になると、次第に「欲し（い）」などの用言や「たし（い）」などの助動詞による表現にとって代わられた。

　このうち「もが」からは、「仰せらるる通り、他生の縁で**がな**御座らう」（虎寛狂言・しうろん）のような「〜かなにか」のような不定の意味で用いられる「がな」が派生する。これは近世前期にも盛んに用いられた。

第7章　感動表現・希望表現

■研究テーマ

1) 感動喚体句をどう捉えるか

　感動喚体句の定義で、注目すべきは、連体修飾語を必須とする点である。感動喚体句では主語資格の体言と述語資格の連体修飾語が完備しているのである。しかし、連体修飾語の存在は、現場での感動の表現であることの必要条件ではない。

　尾上(1986, 1998)は、形式に現れた文内容の伝達が表現の意図である述体に対して、喚体句の、単に対象の名を呼ぶことが結果として話し手の感動という心的行為を表現するという、形式と表現の関係の異質性を重視する。そして、「虎！」のような名詞一語による感動表現を「感動喚体句」の典型とすべきだとし、現代語においても喚体述体を区別する視点は有効であると主張する。

　対照的に、川端(1963a,b)は、感動喚体句は主語述語相当の語を含みながらその対立統一を抑制した表現であることに積極的意味を見いだす。

　このように感動喚体句には二種類の見方が成り立つのだが、本章第2節で触れたように、古代語の感動喚体句には、一語文に連続的なものと非連続的なものの二類が見られる。この中で一語文とは連続しない「美しき花かな」のような感動喚体句については、古代語独特の表現形式として、その位置を再検討する必要がある。

2) 終助詞的なものから、述語的なものへ

　「史的変遷のポイント」で述べたように、希望喚体句の表現が次第に、希望や意志の助動詞の表現に移り変わっていった。これは、非述定的な表現から通常の平叙文による述定的な表現への移行といえる(→第1章)。

　このことは、助動詞の意味変化の問題にもつながる。此島(1973)が紹介しているように、『日本大文典』において、ロドリゲスは、「未来に就いて」の項でまず「う」「うずる」を挙げたあと、「未来には『ばや』で終わる別の形がある」とし、「ばや」に関する説明をしている。ここから、中世におい

て、古代語の終助詞的意味を助動詞が担うようになっていたことがうかがわれる。古代語から現代語に至る助動詞の変遷を見る上で注意すべき点であろう。

参考文献
尾上圭介（1986）「感嘆文と希求・命令文―喚体・述体概念の有効性―」『松村明教授古稀記念 国語研究論集』明治書院
尾上圭介（1998）「一語文の用法―"イマ・ココ"を離れない文の検討のために―」『東京大学国語研究室創設百周年記念 国語研究論集』汲古書院
川端善明（1963a）「喚体と述体―係助詞と助動詞とその層―」『女子大国文』15
川端善明（1963b）「助詞「も」の説―文末の構成・心もしのに鳴く千鳥かも―」『萬葉』47,48
川端善明（1965）「喚体と述体の交渉―希望表現における述語の層について―」『国語学』63
此島正年（1973）『国語助詞の研究―助詞史素描―』おうふう
近藤要司（2019）『古代語の疑問表現と感動表現の研究』和泉書院
山口佳紀（1985）『古代日本語文法の成立の研究』有精堂出版
山田孝雄（1908）『日本文法論』宝文館

第8章
係り結び

　文は通常の場合、終止形で終止します。しかし、文中に特定の助詞があると、連体形や已然形で終止します。この文法現象が係り結びです。係り結びは古代語特有のもので、古代語と近代語の違いを考える上で重要なテーマです。この章では、「ぞ」「なむ」「こそ」「や」「か」という係助詞の機能を中心に解説していきます。

基本例
a. ふる里は花ぞ昔の香ににほひける（古今・42）
　〔昔なじみの場所の花は昔と変わらずすばらしい香で匂っている〕
b. 「さらば、今日こそは、かぎりなめれ。」（源氏・帚木）
　〔「それでは今日という今日がお別れらしいなあ。」〕
c. 勅使来て、その宣命読むなむ、悲しきことなりける。（源氏・桐壺）
　〔勅使が来て、その宣命を読むのは、悲しいことであった。〕
d. 「いづれの山か天に近き」と問はせ給ふに、（竹取・富士の山）
　〔「どの山が天に近いか」と質問なさると、〕
e. 「ほかなるほどは恋しくやある。」（源氏・紅葉賀）
　〔「私が留守の時は、恋しくお思いになるか。」〕

KEYWORDS：係助詞、終助詞、疑問、強調

1. 係り結びとは

　古代語では、「ぞ」「なむ」「こそ」といった強調の助詞や「や」「か」の

ような疑問の助詞が文中にある場合に、文末の述語が、下記のような形をとる。これが**係り結び**である。

係助詞	述語の活用形
ぞ・なむ・や・か	連体形
こそ	已然形

係り結びについては十分に解明されたとはいえず、課題が多い。ここでは、その実態について解説していく。以下、強調の係り結びと疑問の係り結びに分けて見ていく。

2. 強調の係り結び

2.1 「ぞ」

「ぞ」の係り結びでは、「ぞ」が付く語句は、文中で特に強調する部分であることが多い。

（1） 春立てど花も匂はぬ山里は物憂かる音に鶯ぞ鳴く（古今・15）
　　〔立春になっても花も咲かない山里では憂鬱な声で鶯が鳴いているよ〕
（2） 夢のやうにぞ有ける。（源氏・賢木(さかき)）
　　〔全く夢のようであった。〕

「ぞ」は、後の「なむ」とは異なり、結びの述語が省略されることが少ない。なお、係助詞には、文末にも用いられるものがあり、「ぞ」も平叙文や疑問詞疑問文の文末に用いられた。

2.2 「なむ」

「なむ」は、和歌では用いられにくく、もっぱら散文で用いられる。使用された時代は、ほぼ中古に限られ、中世に入ると他の係助詞に先んじて衰退した。

（3）　夜中うち過ぐるほどに**なむ**、絶えはてたまひぬる。（源氏・桐壺）
　　　〔夜中を過ぎるほどに、亡くなってしまわれました。〕
（4）　目も見えはべらぬに、かくかしこき仰せごとを光にて**なむ**。
　　　　　　　　　　　　　　　　　　　　　　　　　　　　（源氏・桐壺）
　　　〔（悲しみで）目も見えないのですが、畏れ多いお言葉を光りにしまして（読ませていただきます）。〕

「なむ」は(4)のように、結びの述語が省略されている例が目立つ。また、「こそ」や「ぞ」は結びが「らむ」「けむ」「まし」および「む」など推量系の助動詞になることがあるが、「なむ」に関しては、そのようなことがほとんどない（→高山 2002）。また、「なむ」は、「ぞ」とは異なり文末用法はなかった。

2.3 「こそ」

「こそ」は、他との対照の中で一つを強調する意味を持ち、現代語でも副助詞として用いられている。

（5）　唐土(もろこし)にもかかることの起こりに**こそ**、世も乱れあしかりけれ。
　　　　　　　　　　　　　　　　　　　　　　　　　　　　（源氏・桐壺）
　　　〔唐土でもこうしたことがもとで、世の中も乱れ困ったことになったのだ。〕
（6）　さまあしき御もてなしゆゑ**こそ**すげなうそねみたまひしか、人柄のあはれになさけありし御心を、上の女房なども恋ひしのびあへり。

第 8 章　係り結び　　85

（源氏・桐壺）
〔見苦しいまでの帝のご寵愛のゆえにこそ、つれなくねたみなさったのだが、人柄が優しく情愛の深かった更衣のお心を上の女房なども恋しく思っている。〕
（7）　神なびの三室の山を秋ゆけば錦たちきる心ち**こそ**すれ（古今・296）
〔神奈備の三室山を秋に通ると錦の布を仕立てて着る心地がすることだ〕

　「こそ」の係り結びは逆接条件表現を起源にしており、係り結びが定着した後も、(6)のように逆接の関係を示すものが多い。現代語でも「生まれた国こそ違うけれど、今では一心同体だ」のように使われることがある。
　現代語の「こそ」は、「大学こそ出たけれど」「今年こそ免許を取るぞ」のように**対照的な強調**やある選択肢の中から一つを選ぶ**選択強調**の意味合いで用いられることが多い。これらの意味は、古代語から引き継いだのだが、古代語には(7)のように、単なる強調としか言いようがない用例も多い。このような「こそ」に関しては、「ぞ」や「なむ」との違いが問題となる。
　「こそ」も「なむ」と同様に、文末用法はない。

3.　疑問の係り結び

3.1　「か」

「か」の係り結び文は、疑問文になる。

（8）　我が背子はいづく行くらむ沖つ藻の名張の山を今日**か**越ゆらむ

（万葉・43）

〔私の夫はどのあたりを旅しているであろう。（沖つ藻の）名張の山を今日あたり越えていることであろうか〕
（9）　花散らす風のやどりは誰**か**知る我に教へよ行きて恨みむ（古今・76）
〔桜の花を散らす風の宿は誰が知っているのか。私に教えてくれ。行って恨み言を言おう〕

86

奈良時代には、(8)のような内容の是非を問う真偽疑問文にも用いられたが、平安時代になると真偽疑問文の係り結びは衰えて、(9)のような疑問詞疑問文のみに用いられるようになった(→澤瀉1938)。

「か」は単独の形だけではなく、「は」「も」が下に続いた「かも」「かは」の形も用いられた。「かも」は上代に多く用いられたが、単独「か」と意味の上で大きな違いはなかった。「かは」は中古以後、反語で多く用いられた。「か」は、文末にも用いられ《詠嘆》や《疑問》を表した。

3.2 「や」

「や」には、他に間投助詞や終助詞があり、係助詞「や」もこれらと根源的には関連がある。係助詞の「や」は以下のように疑問表現に用いられる。

(10) 思ひつつ寝ればや人の見えつらん（古今・552）
〔あの人のことを思いながら寝たから、あの人が夢に見えたのだろうか〕
(11) 袖ひちて結びし水の凍れるを春立つ今日の風やとくらむ（古今・1）
〔暑いさなか袖が濡れるようにして手ですくった、あの山の清水が冬には凍っていたのを、今日、この立春の風が解かしているのだろうか〕
(12) 乳母にて侍る者の、この五月の頃ほひより重くわづらひ侍りしが、頭(かしら)そり忌む事受けなどして、そのしるしにや、よみがへりたりしを、

（源氏・夕顔）

〔乳母である者で、五月ごろから重体になっておりました者が、剃髪受戒などしまして、その効験でしょうか、やっと持ち直しましたが、〕

「や」の係り結びはもっぱら真偽疑問文となる。この場合、結びが「む」「らむ」「べし」など不確実を表す助動詞であることが非常に多い。「春霞たてるやいづこ（古今・3）〔春になって霞が立っているのはどこだろう〕」のように、疑問詞疑問文にも「や」が用いられるが、この「や」は間投助詞とする説もある。

第8章 係り結び

「や」による疑問表現の用法は、現代語の疑問・質問の表現よりは広く、(11)のような例は、真偽の判定を求める疑問表現というよりも、情意の加わった推量表現として考えた方が理解しやすい。
　また、中古には(12)のように、名詞や連体形に「にやあらむ」、あるいは結びの「あらむ」が省略された「にや」の形が多用された。
　「や」の係り結び文は、単純な疑問とはいえないものが多くなり、真偽の判定を求める真偽疑問文としての性格が希薄になっていった。中世以後は、真偽疑問文はもっぱら文末の「か」によって表現されるようになる。「や」は、真偽疑問文の文末にも用いられた。

■史的変遷のポイント

　係り結びの起源について、大野(1993)は、「か」「ぞ」が「紫は灰さすものぞ」「霞立ち咲きにほへるは桜花かも」のように文末に置かれる例から、倒置によって成立したと主張している。阪倉(1993)は、古代語の連体形終止文の中で感動表現となるものの内部にその感動の質を特定する疑問や強調の係助詞が挿入されて成立したとしている。野村(2002)は、「二文併置」から説明する説を提唱している。上代には、後続する連体形終止文の内容に対する注釈となった用例があり、このような二文併置を係り結びの出発点と考えるのである(→第10章第3節)。
　係り結びは上代中古を通じて盛んに用いられるが、院政期からかげりが見え、中世には衰退の道をたどる。係り結びの衰退を結びの方からみれば、連体形終止の一般化という現象との関連があろう。終止形終止が担っていた通常の終止法を連体形が果たすことになれば、特別な終止法である連体形結びの表現的な価値はなくなってしまうのである(→第2章)。
　また、係り結びは、文全体の意味と係助詞の位置が密接にかかわる形で成立したと考えられるが、一旦成立してしまえば、文全体が疑問や強調などの色を帯びて、助詞の前接要素は単に気持ちが強く添えられる部分に過ぎなくなってしまう。そのため音声的なプロミネンスなどに置き換えられていくこ

とで衰退していったとも考えられる(→北原 1984)。

　個々の助詞によって衰退の傾向には違いがある。「なむ」のように助詞自体が消えてしまうもの、「ぞ」「か」のように文末用法のみ生き残るもの、「や」のように「やら」という他の助詞に転化したものなど様々である。この中で、「こそ」のみは他と大きく異なる道を歩んだ。「こそ」の結びは已然形であり、連体形終止とは無縁であったことも一因であろう。逆接の文脈の中で用いられる係り結びは、近世でも用いられた。

■研究テーマ

1)「か」と「や」の違い

　「か」と「や」の違いは、古来から議論の的になっていた。両者の構文上の違いは、以下の二点が際立っている。
　a 「か」は疑問詞の後ろについて疑問詞疑問文を作るが、中古以前の「や」にはそのような用法はない。
　b 真偽疑問の文末では、「か」は疑いを、「や」は問いを表すことが多い。
上記を「か」と「や」の違いの反映と見て、以下の説が提出されている。

---
① 「か」は疑いを表し、「や」は問いを表す。
② 「か」は直上の項目を疑問の対象とし、「や」は文全体を対象とする。
③ 「か」は、さまざまな可能性がある中で仮に一つの解答案を提示する。
　「や」は、一定の内容について真偽を決めかねる。

他に、大野(1993)は、「「か」は、疑問・判断不能を表したが、「や」は自分の見込み、意向を相手につきつける意味で用いられた」という違いを指摘している。

　古代語の疑問文は、解答要求表現以外に様々な表現に用いられた。「か」と「や」は、その多様な表現性と密接に関係して使い分けられており、両者の違いは古代語の疑問文の実態を明らかにする中で追究する必要がある。

2)「ぞ」「なむ」「こそ」の違い

　「ぞ」「なむ」「こそ」による係り結びの共通点は、それらに前接する要素を強く指示して、文全体に強調のニュアンスを付け加えることである。ただし、三者にどのような違いがあるかは議論が分かれる。先行研究が挙げる三者の違いをまとめると、以下のようになる。

	「ぞ」	「なむ」	「こそ」
宮坂和江 （1952）	写す強調	語る強調	主観的・論理的に最高度の強調
伊牟田経久 （1981）	一つを特別に指定する強調	情を込めて相手に持ちかける強調	対照的な強調
近藤泰弘 （2000）	卓立の強調（文中の一要素への注目を示す強調）	卓立の強調に聞き手への強い呼びかけが加わっている	——

　文体の差、あるいは用いられた時代による違いもあり、三者の違いを解明するのは容易でない。特に、「こそ」は奈良時代と平安時代ではかなり性格を異にしている。近藤（2000）が述べるように、「強調」とは何か、ということも深く議論しなければならない。

3)「は」「も」は係助詞か

　山田（1908）は、「係助詞は、文全体をどのような表現意図をもって述べあげるかにかかわっており、係助詞それぞれの個性に応じて、結びの形態が決まる」としている。そして、特殊な結びの形態はとらないが、「「は」は他と区別した形で事態の成立を主張し、「も」は他と並べた形で事態の成立を主張する」として、「は」「も」も係助詞と同じ働きをしていると述べた。

　このような共通点を認めるとしても、「は」「も」と他の係助詞との構文上の振る舞いの違いは存在する。結びが特定の形にならない点に加えて、重要な違いとして、「は」「も」は従属節の内部にも生起するという点がある。このような点をふまえて、なお文全体の表現性に関係する助詞という共通点で「は」「も」を係助詞の中に含めて考えるべきか、係助詞とは異なる助詞とすべきかは議論の分かれるところである。

4) 係り結びの範囲

　奈良時代の係り結びの実体に即して、係り結びの範囲を広く考える立場もある。川端(1994)は「うらぐはし子それぞ我が妻」(万葉・3295)のように体言が結びになること、「おのが妻こそ常めづらしき」(万葉・2651)のように「こそ」の結びが形容詞では連体形になることなどを重視し、狭義の係り結びは奈良時代では動詞系の係り結びに過ぎず、係り結びの現象は述語の品詞に応じて、もっと幅広い形式を持つものであったとする。また結びが「終止形＋助詞」、「体言＋助詞」という形のものが見られることから、**助詞相互の係り結びもあったとする**。

　古代語においては、係助詞という一群の助詞が文の成立に積極的に関与していた。その典型的な現れが狭義の係り結びであり、その背後に上記のような広がりを見て取ることは、係り結びを議論する上で大切な視点である。

参考文献
伊牟田経久（1981）「ゾ・ナム・コソの差異―蜻蛉日記を中心に―」『馬渕和夫博士退官記念国語学論集』大修館書店
大野晋（1993）『係り結びの研究』岩波書店
尾上圭介（2002）「係助詞の二種」『国語と国文学』79-8
澤瀉久孝（1938）「「か」より「や」への推移（上中下）」『国語国文』8-1,2,5
川端善明（1994）「係結の形式」『国語学』176
北原保雄（1984）『文法的に考える―日本語の表現と文法―』大修館書店
此島正年（1973）『国語助詞の研究―助詞史素描―』おうふう
近藤泰弘（2000）『日本語記述文法の理論』ひつじ書房
阪倉篤義（1993）『日本語表現の流れ』岩波書店
高山善行（2002）『日本語モダリティの史的研究』ひつじ書房
野村剛史（2002）「連体形による係り結びの展開」『シリーズ言語科学5　日本語学と言語教育』東京大学出版会
舩城俊太郎（2013）『かかりむすび考』勉誠出版
宮坂和江（1952）「係結の表現価値―物語文章論より見たる―」『国語と国文学』29-2
森重敏（1971）『日本文法の諸問題』笠間書院
森野崇（2003）「特立のとりたての歴史的変化―中世以前―」『日本語のとりたて―現代語と歴史的変化・地理的変異』くろしお出版
山田孝雄（1908）『日本文法論』宝文館

((((((（コラム6：「石を誰見き」))))))))
足日女神の尊の魚釣らすとみ立たしせりし石を誰見き（万葉・869）

　この歌は、山上憶良が肥前の国松浦の巡行に参加できず、残念な思いを詠んだ歌です。「み」は接頭語、「立たし」は「立つ」の敬語「立たす」の名詞形です。「神功皇后が魚をお釣りになるとお立ちになった、その石を～」という意味なのですが、「誰見き」の解釈が問題になります。

　「誰」という疑問詞（「疑問語」「不定語」ともいう）は係助詞「か」「ぞ」を伴って用いられることが多いのですが、この歌では係助詞を伴わず「誰」のみで用いられています。「誰か見し」なら、文末は連体形で終止しており、「誰が見ましたか？」のように普通の疑問文で解釈できます。では、「石を誰見き」のように［疑問詞―終止形終止］の場合、どのように解釈すればよいでしょうか。

　これまでの研究では、「誰」を不定語として、「誰かが見た」とする解釈、反語文として「誰が見ました？（誰も見ていません）」とする解釈があります。実は、［疑問詞―終止形終止］の例は他にもあります。

（ⅰ）**誰**聞きつこゆ鳴き渡る雁がねの妻呼ぶ声のともしくもあるを
　　　　　　　　　　　　　　　　　　　　　　　　　　　　（万葉・1562）
　　　〔どなたがお聞きになったでしょうか、ここを鳴きわたって行く雁の妻を呼ぶ声がうらやましくあるのを〕
（ⅱ）ぬばたまの夜渡る月を**幾夜経**と数みつつ妹は我待つらむそ
　　　　　　　　　　　　　　　　　　　　　　　　　　　　（万葉・4072）
　　　〔(ぬばたまの)夜空を渡っていく月を眺めて幾夜経たかと数えつつ、妹は私を待っていることだろうな〕
（ⅲ）我が髪の雪と磯辺の白波と**いづれ**まされり沖つ島守（土佐・1月21日）
　　　〔私の髪の雪のような白さと磯辺の白波とどちらがまさっているかね、沖の島守よ〕
（ⅳ）淡路島かよふ千鳥の鳴く声に**幾夜**寝ざめぬ須磨の関守（金葉・270）
　　　〔淡路島を行き交う千鳥の鳴く声で幾晩目を覚ましたか、須磨の関守よ〕

これらは、係り結びや疑問詞の性質を考える上で興味深い例です。

第9章
とりたて

　文中のある要素を際立たせ、それと対立する要素との関係を示す機能を「とりたて」と呼びます。この章では、とりたての機能を担う副助詞について解説します。「だに」「すら」「さへ」などの副助詞の意味・機能を中心に見ていきます。

基本例
a. 直衣(なほし)ばかりを取りて、（源氏・紅葉賀）
　〔直衣だけを取って、〕
b. いよいよ光をのみ添へ給ふ御容貌(かたち)など、（源氏・行幸(みゆき)）
　〔ますます光をお加えになるばかりのお姿など、〕
c. 蛍ばかりの光だになし。（竹取・仏の御石の鉢）
　〔蛍ほどの光さえない。〕
d. 後も逢はむと言(こと)のみを堅め言ひつつ（万葉・3113）
　〔後で逢おうと堅く約束して言うばかりで〕

KEYWORDS：副助詞、数量、事物と事態、単複

1. 副助詞とは

　副助詞とは「副詞性の助詞」という意味で、山田孝雄の命名による（→山田1908）。副詞は一般に、情態・程度・陳述の三つに分類される。

（1）【情態副詞】海の面(おもて)うらうらと凪(な)ぎわたりて、（源氏・須磨）

93

〔海面はゆったりと一面凪いで、〕
(2) 【程度副詞】顔はいと赤くすりなして立てり。(源氏・若紫)
〔顔は手でこすって大層赤くして立っている。〕
(3) 【陳述副詞】必ずよからぬ事、出で来なむ。(源氏・賢木(さかき))
〔きっとよくない事が起こるだろう。〕

しかし、情態副詞は形容詞・形容動詞に近く((1)「うらうらと」は形容動詞「のどかに」と類義的)、副詞らしくない。真に副詞らしいのは程度副詞と陳述副詞である。(2)「いと」は顔が赤い状態である程度の大きさを、(3)「必ず」はよくない事が起こる確率の高さを表している。程度と確率は量の一種なので、程度副詞は存在する事態に関する量を、陳述副詞は事態の成立に関する量を表し、副詞は事態に関する量を表すと言える。

　副助詞は、事物・事態などの集合を対象とし、ある要素とそれ以外の諸要素との関係を表す。これは事物・事態を数量的に捉えることを意味する。例えば(4)は、入って来たのが月影だけで、それ以上のものは入って来ないことを「ばかり」によって表す。これは、数の集合から〈1〉だけを示し、〈2〉以上はないというのと類似している。このような数量的な意味を表すので、「副詞性の助詞」と捉えられるのである。

(4) 　月影ばかりぞ八重葎(やへむぐら)にも障(さは)らずさし入りたる。(源氏・桐壺)
〔月の光だけが生い茂る雑草にも邪魔されず差し込んでいる。〕

　この副助詞の意味には、文中のある要素((4)で言えば「月影」)をとりたて、それと対立する他者(「月影」以上のもの)との関係を示すとりたての機能が認められる。副助詞には程度・概数量などの用法もあるが、とりたての機能が鮮明なのは限定・極限などの用法なので、本章ではこれらの用法にしぼって述べる。現代語の「だけ」を例にしていえば、(5)の用法について述べ、(6)の用法については述べないということである。

（5）　【限定】ビールだけ飲んだ。(ビール以外は飲まなかった)
（6）　【分量】木材を必要なだけ運ぶ。(木材の分量は必要な分量である)

本章では、中古の副助詞「ばかり」「まで」「のみ」「さへ」「だに」「など」を中心に見ていく。

2. 統語的特徴による分類

　中古の副助詞は統語的特徴によって、二つに分けることができる(→近藤2000)。まず、格助詞と承接する時、「ばかり」は前接、「のみ」「さへ」「だに」は後接、「など」は前接も後接もする。「まで」は格助詞とは承接しない。

（7）　直衣ばかりを取りて、(源氏・紅葉賀)
（8）　いよいよ光をのみ添へ給ふ御容貌など、(源氏・行幸)
（9）　大殿などにもかかることありて、(源氏・夕顔)
（10）　京になど迎へ給ひてのち、(源氏・蜻蛉)

次に、連用修飾成分に、「ばかり」「まで」は後接しないが、「のみ」「さへ」「だに」「など」は後接する。

（11）　人目もつつまず相ひ見まほしくさへ思さる。(源氏・澪標)

最後に、副助詞同士が相互承接する時、「ばかり」「まで」は前に現れ、「のみ」「さへ」「だに」は後に現れる。「など」は特殊で、前にも後にも現れる。

（12）　水際はただ一尺ばかりだになきに、(枕・日のいとうららかなるに)
（13）　八つ、九つ、十ばかりなどの男児の、(枕・うつくしきもの)
（14）　色あひなどさへけちえんにあらはれたるを、(紫・寛弘5年9月)

以上を整理すると、表のようになる。

	第1種副助詞		第2種副助詞			
	ばかり	まで	のみ	さへ	だに	など
格助詞に前置	○					○
格助詞に後置			○	○	○	○
連用修飾成分に後接			○	○	○	○
相互承接で前置	○	○				○
相互承接で後置			○	○	○	○

表に示すように、副助詞は、「ばかり」「まで」と、「のみ」「さへ」「だに」の二つに分かれる。以下、前者を「第1種副助詞」、後者を「第2種副助詞」と呼ぶ。「など」は両方に通じ、中間的である。両者は意味上も相違し、第1種副助詞は前接名詞の表す事物だけにかかわるが、第2種副助詞は節(clause)の表す事態全体にかかわる。例えば、(7)「ばかり」は「直衣」という事物に、(8)「のみ」は「いよいよ光を添へ給ふ」という事態全体にかかわっている。

3. 副助詞の意味

3.1 「ばかり」と「まで」

　第1種副助詞では、「限定」用法の「ばかり」と「極限」用法の「まで」は、事物間に序列のある集合を対象とする。序列は、あることを最もしそうな事物が最下位、最もしそうにない事物が最上位にある。その中から、「ばかり」は最下位の事物を取り出し、それ以上がないことを表し、「まで」は最上位の事物を取り出し、それに至る下位の事物を含めて表す。

(15)　月影ばかりぞ八重葎にも障らずさし入りたる。((4)の再掲)
(16)　あやしの法師ばらまで喜びあへり。(源氏・賢木)

〔身分の低い法師連中まで喜び合っている。〕

　(15)は、入って来そうな事物の集合から、最も入って来そうな月影だけを示し、より入って来そうにない獣や人などを除く。現代語なら「月影<u>だけ</u>」と言うところである。一方、(16)は、寺で喜びそうな者の集合から、最も喜びそうにない身分の低い法師を取り出し、もっと喜びそうな高位の僧達も含めている。これは現代語でも「身分の低い法師連中<u>まで</u>」である。

　このように、限定の「ばかり」と極限の「まで」は対比的に捉えられる。また、「ばかり」が示すのは最下位の事物一つだけだが、「まで」は最上位に至るいくつもの事物を含むので、数量的に見て、「ばかり」は単数的、「まで」は複数的である（→小柳 2000）。

3.2 「のみ」と「さへ」

　第2種副助詞は事態に関する数量を表し、第1種副助詞よりも副詞との関連が強い。そのうち、「のみ」と「さへ」は、存在する事態に関する数量を表し、これは(2)で見た程度副詞に対応する。

　「のみ」は、事態が一種類だけ存在し、それ以外の種類の事態がないことを表す。一種類であることが際立つのは、いくつもある事態がすべてその一種類で尽くされる場合なので、「のみ」は事態の数として複数性・多数性とかかわることが多い。(17)は、〈将来を約束する〉という一種類の事態が何度もあることを表している。

(17)　心の限り、行く先の契りを**のみ**し給ふ。（源氏・明石）
　　　〔心をこめて、将来の約束**ばかり**なさる。〕

「のみ」は句の表す事態全体にかかわるので、訳語を述語の後に移動して「将来の約束をして<u>ばかり</u>いらっしゃる」と現代語訳することもできる。

　これに対して、「さへ」は、ある事態が、先行する他の種類の事態に添加・

第9章　とりたて　97

累加して存在することを表す。(18)は、〈道のりが遠く夜も更けた〉という事態に、〈雷鳴がとどろく〉という別の種類の事態が加わっている。

(18) 行く先多く夜もふけにければ、…、神**さへ**いといみじう鳴り、雨もいたう降りければ、（伊勢・6段）
　　〔道のりが遠く夜も更けてしまったので、…、そのうえ雷までとてもひどく鳴り、雨も激しく降ったので、〕

これも「そのうえ雷がとてもひどく鳴りまでして」と、訳語を移動して訳すことができる。「さへ」はある事態に別の種類の事態を加えるので、複数の種類の事態が存在し、一種類の事態だけが存在する「のみ」と対比的に捉えられる。つまり、「のみ」は単数的、「さへ」は複数的である。

3.3 「だに」と「すら」

　中古の「だに」は、上代の「だに」と「すら」を踏まえると、わかりやすい。上代の「だに」と「すら」は、ともに事態の成立に関する数量を表し、これは(3)の陳述副詞に対応する。「だに」は、ある事態が、成立する確率が高いと予想されるのに成立せず、反対に、「すら」は成立する確率が低いと予想されるのに成立することを表す。(19)は、一声くらい聞こえそうなのに聞こえないことを、(20)は、夢で見たくらいではしそうもないのに恋してしまったことを表す。

(19) 一声**だに**もいまだ聞こえ<u>ず</u>（万葉・4209）
　　〔ほととぎすの声が一声**さえ**もまだ聞こえない〕
(20) 夢のみに見て**すら**ここだ恋ふる我は（万葉・2553）
　　〔夢で見ただけで**さえ**こんなに恋しく思う私は〕

ともに事態にかかわるので、訳語を後に移動して(19)「一声聞こえること<u>さ</u>

98

えまだない」、(20)「夢で見るだけでこんなに恋してさえいる」とも訳せる。
　このように、「だに」「すら」は、ある事態の成立する確率の高低を表すが、(19)は当然、より確率の低い事態(声がずっと聞こえる、姿が見える、など)が成立しないことを含意し、(20)は、より確率の高い事態(現実に逢って恋すること)が成立することを含意する。この含意が、表現されていない事態を推察させるので、「だに」「すら」の意味を《類推》ということがある。
　中古になると、「だに」は和文、「すら」は漢文訓読文で用いられるようになる。そして、それぞれが、事態が予想に反して成立しないこと(「だに」の本来の意味)と、予想に反して成立すること(「すら」の本来の意味)の両方を表すようになる。(21)(23)は本来の意味であり、(22)(24)は本来とは異なる意味で使われている。

(21)　その人とは、さらに家の内の人に**だに**知らせず。(源氏・夕顔)
　　　〔どこの誰かは、家の人に**さえ**全く教えない。〕
(22)　虫**だに**時節を知りたるよ。(蜻蛉・下)
　　　〔虫で**さえ**時節を知っているものだよ。〕
(23)　罪報は生時に**すら**苦なり。(大東急記念文庫本百論天安点)
　　　〔罪の報いは生きている時で**さえ**苦しい。〕
(24)　善師を**すら**尚敬することを能くせず。(石山寺本蘇悉地羯羅経略疏寛平点)
　　　〔すぐれた師で**さえ**やはり敬うことができない。〕

　このように、中古の「だに」は、事態の成立する確率が高いことも低いことも表す。当該事態と関連する他の事態を含意するので、複数的である。

3.4　「など」

　「など」は、第1種副助詞と第2種副助詞の両方にまたがり、事物についても事態についてもいう。「など」の意味は《例示》といわれるように、個別的な事物・事態を挙げ、それを含む上位の一般的・抽象的な対象(類・集合)

を示す。(25)は、「長恨歌」「王昭君」という具体例を挙げることによって、それらを含む「(縁起の悪い)絵」という上位の対象を表している。

(25)　長恨歌、王昭君**など**やうなる絵、（源氏・絵合）
　　　〔「長恨歌」「王昭君」**など**のような絵、〕

「など」の意味は、言うまでもなく複数的である。

3.5　副助詞の体系

　以上のように、副助詞は第1種副助詞と第2種副助詞に分けられ、前者は事物に、後者は事態にかかわる（「など」は両方に通じる）。第2種副助詞はさらに、事態の存在にかかわる「のみ」「さへ」と、成立にかかわる「だに」（上代では「すら」も）に分かれ、これは程度副詞と陳述副詞に対応する。また、副助詞は数量的な意味を表し、数量の基本は単複なので、単数的なものと複数的なものに分けられる。これが中古の副助詞の体系である。

	第1種（事物）	第2種（事態） 存在性	第2種（事態） 成立性	両方に通じる
単数的	ばかり	のみ	——	——
複数的	まで	さへ	だに	など

4.　古代語の副助詞と近代語の副助詞

4.1　単数的副助詞と複数的副助詞

　副助詞の変遷は、単数的な副助詞同士、複数的な副助詞同士の間で起こる。大きく古代と近代に分けて概略を示すと、次のようになる（→沼田・野田編2003）。

		古代		近代	
単数的	限定	ばかり	（事物）	ばかり	（内部注視的）
		のみ	（事態）	だけ	（包括的）
複数的	極限累加	まで	（事物の極限）	まで	（極限・累加）
		さへ	（事態の存在的累加）		
		だに	（事態の成立的極限）	さえ	（極限）

　単数的な副助詞は一貫して限定を表すが、主要な対立点が限定の対象（事物か事態か）から、限定の仕方（内部注視的か包括的か）に変わった。現代語で「偽物ばかり／だけだ」と言うと、ともに事物の限定だが、「ばかり」は対象内部に注視して、偽物が複数個あることを表すのに対し、「だけ」は偽物が複数個かどうかは度外視して、とにかく偽物だと限定する。事態の場合も同様である（「酒を飲んでばかりいる／飲むだけだ」）。なお、現代語の「ばかり」の意味は、古代語の「のみ」（→(17)）を継承する面がある。その「のみ」は近代以降、漢文訓読語化して口頭語から遠ざかり、「だけ」がその後に登場した。

　複数的な副助詞は、古代語では「まで」「さへ」「だに」が上表のようにすみ分けていたが、近代語では「さへ」が「だに」の領域を襲い、「まで」が「さへ」の領域に拡張した。ただし、現代語にも存在的か成立的かの違いは受け継がれ、「子どもにまで／さえ笑われた」で、「まで」は〈大人にも笑われ子どもにも笑われた（つまり、笑われたという事態が複数ある）〉という存在の意味が読み取れ、「さえ」は〈笑いそうもない子どもに笑われた〉という成立の意味が読み取れる。

　その他、「など」は中古に「酒何ともて」（土佐・12月27日）の「何と」が「なにと＞なんど＞など」となって成立した。また、中世以降「なんぞ」「なんか」などのヴァリエーションが現れ、現代に至る（→此島1973）。

4.2 「しか」の出現

　副助詞の変遷で特に注目されるのは、「しか」の出現である（→宮地

第9章　とりたて　101

2007)。「しか」は文末の否定と呼応して、ある事物や事態以外、またはある数量以上を排除し、反転してその事物・事態や数量に限ることを表す(「彼<u>し</u><u>か</u>事情を知ら<u>ない</u>」「1リットル<u>しか</u>入ら<u>ない</u>」)。これは《其他否定》と呼ばれる意味だが、《其他否定》を表す副助詞は古代語になく、近代語の特徴である。《其他否定》を表すのは「しか」以外にも、「ほか」「より」「きり」がある。

■史的変遷のポイント

　上代では、「ばかり」は副助詞化しておらず、副詞を作る接尾語だった(中古以降も「いかばかり」などに語彙的に残る)。そのため、中古の「ばかり」が表す事物の限定は、「のみ」が担っていた。その一方で、「のみ」は事態の限定も表し、中古になって、専ら事態の限定を表すようになる。つまり、「のみ」は第1種副助詞から第2種副助詞に変化し、上代はその過渡期だったと考えられる。また、「まで」も副助詞化しておらず、極限を表さなかった。「など」はまだ存在すらしていなかった。上代から中古への変遷は、古代語の副助詞が上記のような体系を形成する歴史として捉えられる(→小柳2007)。

　古代語と近代語を比べると、副助詞の表す意味は、とりたて(限定・極限)の対象(事物か事態か)から、とりたての仕方(内部注視的か包括的かなど)へ対立点が移っている。ただし、古代語も近代語も、単複の区別が主軸をなす点では一貫している。中世以降、逆接仮定条件の形式から副助詞化した「なりとも」「でも」などが出現し、語彙が豊富になっていくが、副助詞の歴史で最も特徴的な事象は、近世になって「しか」の類が出現したことである。「しか」の類の出現は、副助詞の意味に、《其他否定》という新しい意味領域が開拓されたことを意味する。

■研究テーマ

1）とりたて詞と副助詞・係助詞

　「とりたて」という文法概念が唱えられるようになった歴史は浅く（→澤田 2007）、現代語の研究で「とりたて詞」（「とりたて助詞」とも）と呼ばれる語類は、伝統的な国文法で副助詞・係助詞とされて来たものにほぼ相当する。しかし、この整理では、副助詞と係助詞の相違が扱えないので、とりたて詞の再考が促されている（→丹羽 2006）。さらに、とりたて詞の内部をどのように分類するか、副助詞と係助詞の本質をどのように捉えるかということも、改めて検討する必要がある（→宮地 2007）。

2）とりたての範囲

　「ばかり」「まで」には限定・極限の用法以外に、程度などを表す用法があり、副助詞研究では、これらを含めた「ばかり」「まで」全体を副助詞と見なしてきた。一方、とりたて研究では、程度のようなとりたて以外の用法で使われた「ばかり」「まで」は、とりたて詞に入れない（→(5)(6)）。しかし、同一形式がどのような意味用法の広がりを持つかを記述すること、また、なぜそのような広がりを持つのかを理解することは、重要なことである。そのためには、個々の形式の意味用法を、とりたて以外の用法も含めて、詳しく観察しなければならない（→小柳 2000）。とりたて研究は、とりたての範囲の外に目を配って行う必要がある。

参考文献
此島正年（1973）『国語助詞の研究―助詞史素描―』おうふう
小柳智一（2000）「中古のバカリとマデ―副助詞の小さな体系―」『国学院雑誌』101–12
小柳智一（2007）「第1種副助詞と程度修飾句―程度の構文とその形成―」『日本語の構造変化と文法化』ひつじ書房
小柳智一（2008）「副助詞研究の可能性」『日本語文法』8–2
近藤泰弘（2000）『日本語記述文法の理論』ひつじ書房
澤田美恵子（2007）『現代日本語における「とりたて助詞」の研究』くろしお出版

丹羽哲也（2006）「「取り立て」の概念と「取り立て助詞」の設定について」『文学史研究』46
沼田善子（2000）「とりたて」『日本語の文法2　時・否定と取り立て』岩波書店
沼田善子・野田尚史編（2003）『日本語のとりたて―現代語と歴史的変化・地理的変異―』くろしお出版
宮地朝子（2007）『日本語助詞シカに関わる構文構造史的研究』ひつじ書房
山田孝雄（1908）『日本文法論』宝文館

第10章
準体句

　連体形述語が構成する名詞句を「準体句」と呼びます。この章では、準体句の構造や変遷について見ていきます。また、準体句に関連するテーマとして、係り結び、「連体なり」、主格助詞「が」の成立、接続助詞の成立についても解説します。

基本例
a. ［人のむすめのかしづく］、いかでこの男に物いはむと思ひけり。
　　　　　　　　　　　　　　　　　　　　　　　　　　（伊勢・45段）
　〔ある人の娘で大事にされていた娘が、…〕
b. ［いみじき愁へに沈む］を見るに、たへがたくて、（源氏・明石）
　〔たいそうな悲しみに沈んでいるのを見ると、…〕
c. ［年五十許なる男の怖し気なる］が、水干装束して打出の太刀帯びたり。
　　　　　　　　　　　　　　　　　　　　　　　　　（今昔・巻26–18）
　〔年齢五十歳くらいで恐そうな男が、…〕
d. ［女二人ありける］が、姉は人の妻にてありける。（宇治・巻3–15）
　〔女が二人いたが、姉は人妻であった。〕
e. はやても［龍の吹かする］なり。（竹取・龍の首の玉）
　〔疾風も龍が吹かせているのだ。〕

KEYWORDS：名詞句、連体形終止、格助詞、接続助詞、準体助詞

1. 準体句とは

　準体句は名詞句の一種で、「連体修飾語＋名詞」という連体修飾句における名詞（＝**主名詞**）が顕在していないものと捉えることができる。したがって、準体句の構造は、連体修飾構造と対応している。まず、連体の構造には、大きく分けて次の二種がある。

（1）　男の<u>着たりける</u>**狩衣**（伊勢・初段）
（2）　<ruby>朝<rt>あした</rt></ruby>に死に、夕べに<u>生まるる</u>**ならひ**（方丈・1）

　（1）は、主名詞「狩衣」と連体修飾部「着たりける」の間に「狩衣ヲ着たりける」という目的格の関係が成り立っている。それに対し、(2)の場合は、主名詞と連体修飾部の間に格関係は認められず、意味的に同等の関係になっている（「朝に死に夕べに生まるる」＝「習ひ」）。このように、主名詞と連体修飾部の間に格関係が認められるか否かによって、連体修飾構造は二つに分けられる（寺村1992では、(1)のように格関係が認められるタイプを**内の関係**、(2)のように格関係が認められないタイプを**外の関係**と呼ぶ）。

　準体句にも、この二種の区別が認められる。「内の関係」に相当するものが(3)、「外の関係」に相当するものが(4)である。

（3）　仕うまつる人の中に**心たしかなる**φを選びて、（竹取・火鼠の皮衣）
　　　〔お仕えしている人の中から心のしっかりしている人を選んで、〕
（4）　いみじき<ruby>愁<rt>うれ</rt></ruby>へに**沈む**φを見るに、たへがたくて、（源氏・明石）
　　　〔たいそうな悲しみに沈んでいるのを見ると、耐え難くて、〕

　(3)において顕在していない主名詞（例文中の「φ」）としては、〈ヒト〉が想定される（「〈ヒト〉ガ心たしかなる」→「心たしかなる〈ヒト〉」）。連体形述語と格関係を構成するのであるから、この場合の主名詞は〈ヒト〉や〈モノ〉といった具体的な事物である。一方の(4)における主名詞「φ」は、連体形

述語が表す内容や事柄である。ここではそのような意味を〈コト〉と示すこととする(「いみじき愁へに沈む」＝〈コト〉)。そうすると準体句は、意味的に〈ヒト〉〈モノ〉を表すタイプと〈コト〉を表すタイプの二種に分けられることになる(石垣1955では、(3)のタイプの準体句を**形状性名詞句**、(4)のタイプの準体句を**作用性名詞句**と呼ぶ)。

　(3)のような〈ヒト〉〈モノ〉タイプは、主名詞の属性を限定的に示す名詞句の現れ方において、さらに三つのタイプに分けられる(→近藤2000)。

(5)　かの白く**咲ける**をなむ夕顔と申しはべる。(源氏・夕顔)
　　〔あの白く咲いているモノ(＝花)を夕顔と申します。〕
(6)　人のむすめの**かしづく**、いかでこの男に物いはむと思けり。
　　　　　　　　　　　　　　　　　　　　　　　　　　　(伊勢・45段)
　　〔ある人の娘で大事にされていたヒト(＝その娘)が、なんとかしてこの男に愛を訴えたいと思っていた。〕
(7)　かの承香殿の前の松に雪の**降りかかりたりける**を折りて、
　　　　　　　　　　　　　　　　　　　　　　　　　　　(大和・139段)
　　〔あの承香殿の前の松に雪が降りかかっていたモノ(＝その松)を折って、〕

(5)はそのような名詞句が現れないもの、(6)は属性を表す名詞句を「の」を伴う形で付加したもの(＝追加型)、(7)は連体形述語との格関係を保ったまま現れるもの(＝内在型)、といった3タイプである(→コラム7)。

　上代によく用いられた**ク語法**にも、〈ヒト〉〈モノ〉を表すタイプと〈コト〉を表すタイプの二種類があったと見られる。(8)は〈モノ〉タイプ、(9)は〈コト〉タイプである。

(8)　前妻（こなみ）が　肴乞（な）はさば　立ち枾（そば）の　実の**無けく**を　こきし削（ひ）ゑね、後妻（うはなり）が肴乞はさば　蕀榊（いちさかき）実の**多けく**を　こきだ削ゑね
　　　　　　　　　　　　　　　　　　　　(古事記歌謡・9、日本書紀歌謡・7)
　　〔本妻が食べ物をもらいに来たら肉の薄いのばかりを削いでくれてやれ、後か

第10章　準体句　　107

らめとった妻が食べ物をもらいに来たら肉のたっぷりあるのをどっさりくれてやれ〕

（９）　間なく我が恋ふらくを人の知らなく（万葉・2737）
　　　〔絶え間なく私が恋していることをあの人は知らないのだなあ〕

　訓点資料によく見られる、助詞「い」による準体は〈ヒト〉タイプである。

（10）　此を持ついは称を致し、捨つるいは誇を招きつ。（続日本紀宣命・45）
　　　〔この教えを保ち守る者はほまれを得て、捨てて守らぬ者は人の誇りを招く。〕

2. 準体句の変遷

　準体句は時代が下ると次第に用いられなくなり、現代語では準体助詞「の」を句末に付接することが求められるようになる。準体助詞「の」が現れ始めるのは、中世末近世初期からである。

（11）　姫が肌に、父が杖をあてて探すのこそ悲しけれ。（貴船の本地）
　　　〔姫の肌に父が杖をあてて探すのが何とも悲しいのです。〕
（12）　せんどそちへ渡ひたのは何としたぞ。（虎明狂言・雁盗人）
　　　〔さっきお前へ渡したの（＝銭）はどうしたんだ。〕

　準体助詞としての「の」は、次に示すような代名詞用法から発達した。

（13）　人妻と我がのとふたつ思ふには馴れにし袖ぞあはれなりける
　　　　　　　　　　　　　　　　　　　　　　　　　　　　（好忠集・457）
　　　〔人妻と自分の妻と二人を愛すると、馴れ親しんだ自分の妻の方がいとしいことだ〕

　(13)の「の」は、「妻」という〈ヒト〉を指しており、このような「の」が、

中世後期に入って活用語の連体形にも付接するようになった。したがって、準体句の二種のタイプ（→(3)(4)）のうち、〈ヒト〉〈モノ〉タイプの方から先に、準体助詞「の」の進出が始まったといえる。

　その後〈ヒト〉〈モノ〉を表す「の」は、〈コト〉を表すものへと拡張した。その場合、主語節や目的語節といった中核的な部分から始まった。したがって、現代標準語において「に」に続く場合には「の」を必要としないことがある（例「言うに及ばない」「するに限る」）。また、現代方言においても、述部で用いられる場合（標準語の「のだ」に相当）には「の」を必要としないことが多い（例「行くだ」「寒いだ」）（→青木 2010 など）。

3. 関連する文法現象

3.1 係り結びの成立

　連体形結びの係り結びは、文末におかれた準体句との呼応によって成立したと見られる。これには二つの考え方がある（→第 8 章）。一つは「山を高み<u>か</u>／夜ごもりに出で来る月の光乏しき」（万葉・290）のような場合、「月の光が乏しいのは山が高いからだろうか。」という文が元にあり、「山が高いからであろうか」の部分を強調するために倒置が起こって前に置かれ、文末が連体形準体句の形になるという考え方である。倒置によって「強調」が生じること、終助詞が文中に入ることによって係助詞が生じることなどをうまく説明する。もう一つは、倒置といった過程を想定せず、元々あった連体形終止文（＝準体句の文末用法）において、焦点化される部分に助詞が挿入されることによって（この場合疑問の「か」）、「係」と「結」の関係が生じるという考え方である。確かに、通常の談話においても「山が高いからであろうか、月の光が乏しいのは。」といった順序で述べられる文は自然である。いずれにしても、「ぞ」「なむ」「や」「か」の結びがなぜ連体形なのかという問いに対し、準体句の文末用法を想定するという点では等しいといえる。

3.2 「連体なり」

活用語連体形に付接して説明の用法を持つ「なり」は、終止形接続の「なり」(「終止なり」)と区別して「連体なり」と呼ぶ(→第6章)。

(14)　はやても龍の吹かする<u>なり</u>。(竹取・龍の首の玉)
　　　〔疾風も龍が吹かせているのだ。〕

「なり」は「龍の吹かする」という準体句を承けており、「連体なり」文は、「AハBナリ」というコピュラ文である。
　また、「連体なり」の承接を指標として、述語形式(助動詞)を以下のように分類することができる(→北原1981、高山2002)。

(15)　常に前接するもの：
　　　(さ)す、しむ、(ら)る、まほし、まじ、つ、ぬ、たり、り、き
(16)　常に後接するもの：
　　　む、らむ、けむ、じ、らし、めり、終止なり
(17)　前接したり後接したりするもの：
　　　けり、ず、べし

典型的なモダリティを表す助動詞(→第6章)は(16)に属していること、その中にあって「べし」は(17)に属すること、アスペクト・テンスを表す助動詞が(15)に属する中にあって「けり」のみ(17)に属すること、などが見てとれ、非常に興味深い。

3.3　主格助詞「が」の成立

主格助詞「が」は上代から存したが、「君<u>が</u>行く道」のような「体言＋が＋用言＋体言」という連体修飾句の中で用いられることが多かった。「天の

川漕ぐ舟人を見る<u>が</u>ともしさ」(万葉・3658)のような例は、「用言＋が＋用言」の例であるが、喚体句であるから、文全体としてはやはり体言句相当である(→第7章)。他に「が」が用いられるのは、準体句の中、ク語法句の中などであることを考え合わせると、主格助詞「が」は、古くはある種の体言句の中で用いられるという制限があったといえる。

　これが、中古に入ると、「用言＋が＋用言」という用言句の中で多く用いられるようになる。

(18)　程なく罷(まか)りぬべきなめりと**思ふ<u>が</u>**悲しく侍るなり。

(竹取・かぐや姫の昇天)

〔間もなく出ていかなければならないと思うのが悲しいのでございます。〕

(19)　女のまだ世経ずと**おぼえたる<u>が</u>**人の御もとに忍びてもの聞こえて、

(伊勢・120段)

〔まだ異性を知らないと思われた女が、ある高貴な御方とこっそり愛を語り合って、〕

(18)は感情形容詞の対象語として用いられるという点で、「見る<u>が</u>ともしさ」のような上代の喚体用法の延長上にある。(19)は動作主として用いられた例であるが、主文の述語に直接係っていく例ではない。主文の主格として用いられる例は、院政鎌倉期に下ってから初めて見られるようになる。

(20)　年五十許(ばかり)ナル男ノ**怖シ気ナル<u>ガ</u>**、水干装束(すいかんさうぞく)シテ打出ノ太刀帯ビタリ。

(今昔・巻26–18)

〔年のほど五十ぐらいの恐ろしげな男が、水干装束で新身(にひみ)の太刀を佩いていた。〕

　このような主格の「が」は、以前は無助詞(以下「φ」で示す)であった所に入り込む形で発達した。

第10章　準体句　　111

(21) 畳紙の手習などしたる φ、御几帳のもとに落ちたりけり。(源氏・賢木)
　　〔手習などのしてある畳紙が、御几帳の下に落ちているではないか。〕
(22) 見も知らぬ花の色いみじきが、咲き乱れたり。(宇治・巻13–11)
　　〔見も知らぬ色美しい花が、咲き乱れている。〕

　このように、主格助詞「が」は準体句を承ける「連体形＋が」において発達し、後に「名詞(体言)＋が」へ及んでいった。

3.4　格助詞から接続助詞へ

　主格助詞「が」が発達した「述語連体形＋が＋述語」という構文からは、接続助詞「が」が生み出されることとなった(→石垣1955)。

(23) 女「糸喜シ」ト云テ行ケルガ、怪ク此ノ女ノ気怖シキ様ニ思エケレドモ、(今昔・巻27–20)
　　〔女は「本当にうれしいこと」と言って歩き出したが、この女の様子がどうにも怪しく恐ろしいように思われてならないけれども、〕

　(23)においては、「が」の後に主体を示す表現(「此ノ女ノ」)が現れていることから分かるように、「が」の前後に独立した内容の節が生じている。すなわち、「が」は述語と補語の関係を示すもの(＝格助詞)ではなく、二つの節をつなぐもの(＝接続助詞)となっている。
　同様の変化は、「を」においても起こっている(→近藤2000)。(24)は格助詞としての用法であるが、(25)は接続助詞としての用法である。

(24) 梅の花折りかざしつつ諸人の遊ぶを見れば都しぞ思ふ(万葉・843)
　　〔梅の花を手折って髪に挿しながら人々が遊んでいるのを見ると、都を思うこと切である〕
(25) 蛍のとびありきけるを、「かれとらへて」と、この童にのたまはせけ

れば、（大和・40段）

〔蛍が飛び回っていたところ、「あれをとらえて」と、この童におっしゃったので、〕

(25)では、「を」の後にそれを承ける述語が存在しない。すなわち、「を」の前後は補語と述語の関係にはなく、節と節の関係に移行している。

「に」は、上代からすでに接続助詞としての用法が認められるため、変遷の跡を辿ることができないが、「が」「を」の例より、格助詞から接続助詞へ変化したと見てよい。「を」は10世紀頃、「が」は12世紀頃に、接続助詞としての用法が生まれた。

■史的変遷のポイント

準体句の文末用法は、喚体句、連体形終止文、そして係り結び文の起源として古代語において重要な機能を果たした。これは、終止形終止が一般的であったためである。院政鎌倉期頃から連体形で文を終えることが普通（無標）になると、係り結び文における文末の有標性は保証されなくなり、衰退を招く要因の一つとなった。そして、文中に情意性を持ち込む係り結び構文の衰退は、論理的な格関係を示す格助詞の発達を促した。

上代において文法的にほぼ等しい用法を持っていた「の」と「が」であったが、「が」は準体句を承けることができたために、主格助詞として発達しえた。主格助詞「が」は中世前期頃に、それまで無助詞で表されていた所に入り込む形で発達した。

「準体句＋格助詞＋述語」という構文からは、接続助詞が生み出された。「が」「を」「に」は、いずれも格助詞と接続助詞の両方の用法を持っている。これは、名詞句末が述語用言で構成されるという準体句の特質による。助詞の前後が、補語と述語の関係から節と節の関係に再解釈されるわけである。

このように古典語の様々な文法現象に影響を与えた準体句であったが、中世末期頃から次第に用いられなくなった。通常の名詞句同様、句末に名詞を

付接することが求められるようになったのである。このとき、実質的意味が最も薄い名詞として「の」が選ばれた。

■研究テーマ

1) 作用性用言反発の法則

　石垣（1955）は、用言全体を大きく二分する。一つは、「終止形がイの韻に終る」形容詞・形容動詞・ラ変動詞・一部の助動詞、これに「候ふ」「見ゆ」等の一部の動詞を加えたもので、これを「形状性用言」と呼ぶ。これ以外のもの、すなわち動詞の大部分と一部の助動詞を「作用性用言」と呼び、区別する。この述語用言の二分類に基づき、準体句が主語となる場合の複文を観察すると、そこに一定の「法則」が認められるという。すなわち、〈準体句末の述語・主節述語ともに作用性用言となることはない〉という「作用性用言反発の法則」である。

　「形状性用言」の定義が曖昧である、〈ヒト・モノ〉タイプと〈コト〉タイプでは法則の内実が異なる、などのいくつかの課題は残るものの、多くの示唆に富んでおり、あらゆる角度から検証してみる価値がある。

2) 「連体なり」と「ノダ文」

　連体形を承ける「なり」は、動詞を承けるのではなく準体句を承けており、コピュラ文を形成することが北原（1981）によって示された。体言を承ける「なり」との相違、「連体なり」を指標とした助動詞の分類などの方法は、高山（2002）に引き継がれ深化されてきた。それでもまだ、連体形終止文・係り結び文との関係など、考察の余地は多く残されている。まずは「連体なり」文が係り結びの結びにならないことについて考える必要があろう。

　また、「連体なり」の機能は、現代語では「のだ」の形に引き継がれていると考えられるが、単純に連続的に考えるわけにはいかない（→福田1998）。準体助詞の成立は、述語の補部の場合と、「のに」「ので」「のだ」などの場合とは分けて考える必要があり（→山口2000）、これらを視野に入れながら総

合的に考察する必要がある。さらに、「のだ」については、「ことだ」「ものだ」「やうだ」などの形式名詞述語文との関係も考察する必要があり、助動詞論・モダリティ論とも絡め、きわめて興味深いテーマである。

3）節の構造変化

「が」「を」「に」における、格助詞から接続助詞への変化は、助詞の前後の関係が、補語（名詞句）と述語の関係から節（述語句）と節（述語句）の関係へと移行している。これは、節の構造が変化していると捉えることができる。

（ⅰ）　［補語　NP］が／を［述語　VP］→［節　S］が／を［節　S］

これと類似の構造変化は、「さに」「ほどに」など、その他の接続助詞の成立の場合も同様に想定することができる（→竹内2007）。

（ⅱ）　掩ト蓋トハドレモヲヲフト読ホドニ、字訓ガ同ジ**サニ**通用シタゾ。

（史記抄・巻9）

〔「掩」の字と「蓋」の字は、どちらも「おおふ」と読むので、字の訓が同じであるために通用したのだ。〕

（ⅲ）　昔、男、逢ひがたき女に逢ひて物語などする**ほどに**、鳥の鳴きければ、（伊勢・53段）

〔昔、男がなかなか逢えなかった女に逢って思うことなどを語り合っているうちに、鶏が鳴いて夜明けを告げたので、〕

「～さ NP」＋「に」、「～ほど NP」＋「に」という構造から、「さに」「ほどに」が接続助詞として、前後の節をつなぐ役割を果たすものへと構造が変化している。このように、単なる助詞の問題としてではなく、構造的に文を捉える視点はきわめて重要であるといえよう。

参考文献

青木博史（2010）『語形成から見た日本語文法史』ひつじ書房
青木博史（2016）『日本語歴史統語論序説』ひつじ書房
石垣謙二（1955）『助詞の歴史的研究』岩波書店
小田勝（2006）『古代語構文の研究』おうふう
北原保雄（1981）『日本語助動詞の研究』大修館書店
近藤泰弘（2000）『日本語記述文法の理論』ひつじ書房
信太知子（1970）「断定の助動詞の活用語承接について―連体形準体法の消滅を背景として―」『国語学』82
高山善行（2002）『日本語モダリティの史的研究』ひつじ書房
竹内史郎（2007）「節の構造変化による接続助詞の形成」『日本語の構造変化と文法化』ひつじ書房
寺村秀夫（1992）「連体修飾のシンタクスと意味」『寺村秀夫論文集Ⅰ』くろしお出版
野村剛史（1996）「ガ・終止形へ」『国語国文』65–5
福田嘉一郎（1998）「説明の文法的形式の歴史について―連体ナリとノダ―」『国語国文』67–2
柳田征司（1993）「「の」の展開、古代語から近代語への」『日本語学』12–10
山口堯二（2000）『構文史論考』和泉書院
山田孝雄（1908）『日本文法論』宝文館

（((((((コラム7：「いとやむごとなき際にはあらぬが」))))))）

　『源氏物語』の冒頭は、「いづれの御時にか」という有名な一節で始まります。しかし、これに続く「いとやむごとなき際にはあらぬが、すぐれて時めきたまふありけり。」という文の解釈は必ずしも一致していません。

　ここでは「が」の解釈がポイントといえます。「が」を逆接の意味ととって、「すぐれた身分ではない**けれども**ひときわ栄えていらっしゃる方が」と解釈したいところですが、接続助詞「が」の成立は12世紀頃ですので、そのように解釈するのは適当ではありません。そうすると「が」は主格であるかというと、今度は述語との呼応が見えてきません。すなわち、この文は〈ヒト〉タイプ「追加型」の準体句として解釈すべきであると考えられます。

（ⅰ）［いとやむごとなき際にはあらぬ<u>が</u>［すぐれて**時めきたまふ**］］ありけり。（源氏・桐壺）
〔大して重々しい家柄ではない方で、目立って帝のご寵愛を受けていらっしゃる方があった。〕

　第10章の例（6）「人のむすめ<u>の</u>かしづく」のように、顕在していない主名詞〈ヒト〉の属性を表す名詞句は「の」で示されることが多いのですが、「が」の他、「は」や「も」、さらには無助詞の場合も存在します（→石垣1955、小田2006など）。（ⅱ）は「も」の例、（ⅲ）は無助詞の例です。

（ⅱ）［御調度どもも［いと古代に馴れたる］］が、昔様にてうるはしきを、（源氏・蓬生）
〔数々の御調度の、まことに古風で使い古した品々が、昔ふうの作りできちんとしているのを、〕
（ⅲ）［清気ナル女φ、［袙袴着タル］］、高坏ニ食物ヲ居ヘテ持テ来タリ。
（今昔・巻17–33）
〔こざっぱりした、袙に袴をつけた女が、高坏に食物をのせて持ってきた。〕

このように、準体句の構造を理解することは、古文解釈の上でも必要不可欠であるといえます。

第11章
条件表現

　古代語には、仮定条件、確定条件、恒常条件を表す表現があります。これらを条件表現と呼びます。この章では、接続助詞「ば」「ども」「とも」による条件表現について解説します。接続助詞「なら」「たら」の成立についても見ていきます。

基本例
a. …恨むべからむふしをも憎からずかすめなさ<u>ば</u>、それにつけてあはれもまさりぬべし。（源氏・帚木）
　〔…恨むのがもっともな点もかわいらしくぼかして言え<u>ば</u>、それにつけて男の愛情も増すことだろう。〕
b. にくし。さのたまは<u>ば</u>、今日は立たじ。（枕・大蔵卿ばかり）
　〔気に入らないな。そのようにおっしゃる（の）<u>なら</u>、今日は座を立つまい。〕
c. 世の中の人の心は、目離るれ<u>ば</u>忘れぬべきものにこそあめれ。
　　　　　　　　　　　　　　　　　　　　　　　　　（伊勢・46段）
　〔世間の人の心持ちは、会わなくなる<u>と</u>相手のことを忘れてしまうものであるようだ。〕
d. おこせい<u>ならば</u>やらう。（虎明狂言・痩松）
　〔「よこせ」という<u>なら</u>やろう。〕

KEYWORDS：仮定条件、確定条件、恒常条件、順接、逆接

119

1. 条件表現とは

　古典文法では、主節の述語を副詞的に修飾する従属節（連用節）のうちの一部を**条件表現**と呼ぶ。中古語の場合、接続助詞「ば」（未然形・已然形に後接）、「ども（ど）」「とも（と）」による節がそれにあたる。なお、接続助詞「に」「を」による節や、形容詞連用形に係助詞「は」が後接してできる節を条件表現に含める立場もあるが、本章ではそれらの節は取り上げない。

　未然形に後接する「ば」による節は「順接仮定条件」を表し、已然形に後接する「ば」による節は「順接確定条件」を表す。また、「ども」による節は「逆接確定条件」を表し、「とも」による節は「逆接仮定条件」を表す。

2. 条件表現の実態

2.1 「未然ば」

　未然形に後接する「ば」（「未然ば」）による従属節は「順接仮定条件（…レバ、…タラ、…ナラ）」を表す。

（1）　梓弓(あづさゆみ)おしてはるさめ今日降りぬ明日さへ降ら**ば**若菜つみてむ

(古今・20)

〔春雨が今日1日中降った。明日もまた**降ったら**若菜を摘もう〕

（2）　東風吹か(こち)**ば**にほひおこせよ梅の花あるじなしとて春をわするな

(拾遺・1006)

〔東風が**吹いたら**香りを送って来い、梅の花よ。主人がいないからといって春に咲くのを忘れるな〕

（3）　すべて、よろづのことなだらかに、怨ずべきことをば見知れるさまにほのめかし、恨むべからむふしをも憎からずかすめなさ**ば**、それにつけてあはれもまさりぬべし。(源氏・帚木)

〔総じて、何事も穏やかにして、嫌味を言いたくなることは気づいている様子

120

でほのめかし、恨むのがもっともな点もかわいらしく**ぼかして言えば**、それにつけて男の愛情も増すことだろう。〕

（4）京には見えぬ鳥なれば、みな人見しらず。渡守に問ひければ、「これなむ都鳥」といふを聞きて、
　　　名にしおは**ば**いざ言問はむ都鳥わが思ふ人はありやなしやと

(伊勢・9段)

〔京では見られない鳥なので、皆知らない。渡し守に尋ねたところ、「これが都鳥じゃないか」と言う、それを聞いて、
「都」という言葉を名前に{＊負い持っていれば／＊負い持っていたら／**負い持っている(の)なら**}、尋ねてみよう、都鳥よ。私の愛する人は都で無事に暮らしているか否かと〕

（5）「今かの君の立ちたまひなむにを」と、いとみそかに言ひ入るるを…遠くゐて、「にくし。さのたまは**ば**、今日は立たじ」とのたまひしこそ、(枕・大蔵卿ばかり)

〔「もうすぐあの方が座をお立ちになるからね」と、本当にこっそり耳打ちするのを…遠くに座っていながら、「気に入らないな。そのように{＊おっしゃれば／＊おっしゃったら／**おっしゃる(の)なら**}、今日は座を立つまい」とおっしゃったのは、〕

　話者は、「未然ば」による従属節の事態を事実と認めていないが、事態が事実{である／となる}蓋然性をゼロとは捉えていない。そして、主節の発話行為はその効力の発生が留保されており、従属節の事態が将来聞き手または話者自身によって事実と認められた時に、主節の発話行為が有効となる。
　(4)(5)のような「未然ば」は、現代語の「れば」でも「たら」でも解釈できず、「なら」に置き換えなければならない。(4)(5)の従属節の事態は、それぞれの発話時(→第5章2.1)において客観的には事実であるけれども、話者は当該事態についての情報を発話時の直前に得ている。このような場合にも中古語では「未然ば」が用いられ、現代語の「れば」「たら」で解釈される(1)〜(3)のような場合との形態上の区別がない。

第11章　条件表現　121

2.2 「已然ば」

已然形に後接する「ば」(「已然ば」)による従属節は「順接確定条件」を表す。

（6） 事にふれて、数知らず苦しきことのみ<u>まされ</u>ば、いといたう思ひわびたるを、(源氏・桐壺)
〔何かにつけて、数えきれないほどつらいことばかり**増えていくので**、更衣がたいそうひどく途方にくれているのを、〕

（7） まだ難波津(なにはづ)をだにはかばかしうつづけ<u>はべらざめれ</u>ば、かひなくなむ。(源氏・若紫)
〔まだ難波津の歌さえ満足に続け書きできない**よう**ですから、(お手紙を下さっても)甲斐のないことで。〕

（8） それもめづらかなるここちして<u>行き過ぐれ</u>ば、はるばると浜に出でぬ。(蜻蛉・中)
〔それも珍しいと感じながら**通り過ぎると**、はるばると広がる浜に出た。〕

（9） 世の中の人の心は、<u>目離(めか)るれ</u>ば忘れぬべきものにこそあめれ。
(伊勢・46段)
〔世間の人の心持ちは、**会わなくなると**相手のことを忘れてしまうものであるようだ。〕

　(6)(7)は後件の原因・理由である「必然条件(…ノデ、…カラ)」、(8)は前件が成立した時にたまたま後件が成立した、その前件である「偶然条件(…ト、…タトコロ)」、(9)は前件が成立する時には常に後件が成立する、その前件である「恒常条件(…トイツモ)」などと呼ばれる。

　(6)(8)(9)の従属節の事態を、話者は事実と認めている。中古語の「已然ば」による従属節が、いわゆる「必然条件」「偶然条件」「恒常条件」のいずれを表すと解釈されるかは、あくまで現代語訳上の問題である。すなわち、従属節・主節の事態が特定・個別か習慣的か、従属節の述語核が動的なもの

か静的なものか、主節の述語のモダリティ（Modality：叙法類→第 6 章）が判断か希求かといった文法的情報によって、あるいは文脈からの様々な情報によって、それぞれ適当な現代語の表現「…ノデ／カラ」「…ト／タトコロ」「…トイツモ」などに置き換えられるのである。

次の(10)では、「ば」がモダリティ形式「まし」に後接している。

(10) まして、龍を捕へたら**まし**か**ば**、また、こともなく我は害せられな**まし**。（竹取・龍の首の玉）
〔まして竜を捕まえてい**たら**、やはり簡単に私は殺されてい**ただろう**。〕

「まし」は、命題（→第 1 章「研究テーマ」1）が表す事態が事実{である／となる}蓋然性を話者がゼロと捉えていることを示す（→第 6 章 2.1）。「ば」に前接する「ましか」については、未然形と見る説と已然形と見る説とがある。ちなみに、他の推量のモダリティ形式「む」「らむ」「けむ」は未然形を持たない。

2.3 「ども」

已然形に後接する「ども（ど）」による従属節は「**逆接確定条件**（…ガ、…ケレドモ）」を表す。

(11) この御文(ふみ)を顔に押し当てて、しばしは<u>つつめ</u>**ども**、いとみじく泣きたまふ。（源氏・浮舟）
〔このお手紙を顔に押し当てて、しばらくは**人目をはばかっているけれども**、ついにはたいそう激しくお泣きになる。〕
(12) ものはかなき身には過ぎにたるよそのおぼえはあら**め**ど、心にたへぬもの嘆かしさのみうち添ふや、さはみづからの祈りなりける。
（源氏・若菜下）
〔たよりない私の身には過分という他人の評判はある**だろうが**、心で堪えがた

い悲しみばかりがつきまとう、そのことは私自身のための祈りだったのだろうか。〕

(13) 法師は聖といへども、あるまじき横さまのそねみ深く、うたてあるものを。（源氏・薄雲）
〔法師というのは、聖僧であっても、けしからぬよこしまな嫉妬が深くて、困ったものだからな。〕

　(13)は「逆接恒常条件（…テモイツモ）」を表す。「ども」はモダリティ形式に後接する場合があり（→(12)）、「ども」による従属節の事態を話者が事実と認めているとは限らない。

2.4 「とも」

　終止形（形容詞型活用の語では連用形）に後接する接続助詞「とも（と）」による従属節は「**逆接仮定条件（…テモ）**」を表す。

(14) 年経〔止〕ともかはらむものか橘の小島のさきに契る心は（源氏・浮舟）
〔年月が経っても変わることなどあろうか、この橘の小島の崎であなたに誓う私の心は〕

(15) などか、めでたく〔用〕とも、もののはじめに、罪に当たりて流されておはしたらむ人をしも思ひかけむ。（源氏・須磨）
〔どうして、たとえ人物がすばらしくても、最初の縁談で、罪を受けて流されていらっしゃるような人に望みをかけようか。〕

3.「已然ば」による節の仮定条件化

　中古語「已然ば」には、それによる従属節の命題が特定性・個別性を離れて非特定化・習慣化した事態を表す、(9)や次の(16)のような用法がある。そこには従属節事態と主節事態との恒常的関係が認められる。

(16) 暮るれば王命婦を責め歩きたまふ。(源氏・若紫)
〔日が暮れるといつも王命婦を追いまわしておせきたてになる。〕

　(9)(16)については、従属節「目離るれば」「暮るれば」の命題が表す事態を、話者は事実と認めている。しかしながら、それらは非特定の習慣的な事態群であって、まだ事実とならない未来の事態をも含んでいるといえる。このことからのちに、「已然ば」による従属節の命題は、話者が事実と認めていない特定・個別の事態を表すようになり(→(17)(18))、「已然形＋ば」は現代語の「語幹＋れば」(「仮定形＋ば」)へと通時的につながっていく。

(17) [太郎冠者]「代物はただいまもつてまゐらう」[売手]「いや代もつを取らねば渡さぬ」(虎明狂言・雁盗人)
〔「代金はすぐに持って来ましょう」「いや、代金を受け取らなければ(雁は)渡さない」〕

(18) 此人の聟になれば、ざつと済む事ぢや。(虎明狂言・賽の目)
〔この人の婿になれば、すべてうまくいくだろう。〕

　(9)(16)では、主節述語のモダリティが判断である。このような場合の「已然ば」から現代語の「れば」が生じたため、「れば」による従属節を伴う主節の述語にはモダリティの制約がある。

(19) a　あした雨が降れば、試合は中止に{なるだろう／？しよう／？しろ}。
　　 b　あした雨が降ったら、試合は中止に{なるだろう／しよう／しろ}。

　(19a)に見るように、「れば」による節の述語核が動的動詞であるとき、主節述語は判断のモダリティをとらなければならない。ただし、これには方言差・個人差が認められる。

4. 接続助詞「たら」「なら」の成立

4.1 「たら」の成立

　室町時代以降、元来はアスペクトの形式であった「たり」(→第5章1.3)に「未然ば」が後接した「―たらば」が多く用いられるようになり、やがて「ば」を脱落させた「たら」の例が現れる(→小林1996)。

(20)　いとほしいと言う**たら**　叶(かな)はうずことか　（閑吟集・289）
　　　〔いとおしいと言ったら思いがかなうだろうか〕

　なお、現代語の接続助詞「たら」の中には、「たり」に「已然ば」が後接した「―たれば」に由来するものがある(→小林1996)。

(21)　人の姿は花靫(うつぼ)やさし　差して負う**たりや**　うその皮靫(かはうつぼ)　（閑吟集・16）
(21')　かっこよかったのでつきあってみ**たら**、うそつき男だった。

　(21')の用法の「たら」(従属節の事態を話者が事実と認めている)は、「―たれば」から(21)のような「―たりや」を経て成立した。

4.2 「なら」の成立

　「連体なり」(→第10章3.2)に「未然ば」が後接した「―ならば」は、中世期には、終助詞を伴う表現、希求の表現などの独立文に後接することがあり(→(22)(23))、単なる接続助詞ではなかった(→福田1998)。

(22)　さらばただあつたる時ともかくもなつたぞ**ならば**、なんとせうぞ。
　　　　　　　　　　　　　　　　　　　　　　　　　　（天草平家・巻1）
　　〔それなら、むしろ、私が成経を預かる前にどうにかなったのだということな

ら、仕方がなかった。〕
（23）　おこせいならばやらう。（虎明狂言・瘦松）
　　　〔「よこせ」というならやらう。〕

　（22）（23）のような用法が消え、接続助詞「なら」が成立したのは、近世以降のことである。

■史的変遷のポイント
　中古語「未然ば」は、現代語「れば」で解釈できる場合がある（→(3)）。また、中古語の「已然形＋ば」は、現代語の「語幹＋れば」の祖形である。

中古語「未然ば」「已然ば」と現代語「れば」との関係

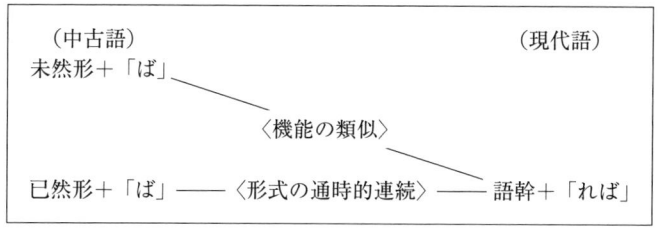

```
（中古語）                              （現代語）
未然形＋「ば」┐
             │
             ├─〈機能の類似〉
             │
已然形＋「ば」──〈形式の通時的連続〉──語幹＋「れば」
```

　上のようなことから、現在の古典文法の記述では「未然ば」と「已然ば」とが同一語と見なされている。

■研究テーマ

1)「恒常性」
　中古語「已然ば」が、「仮定条件」節をつくるとされる現代語「れば」へと変化した契機が、「已然ば」の「恒常条件」節をつくる用法にあったと見ることは、定説となっている。しかし、どのような要素が「恒常性」を表すのかについては、論により捉え方が異なる。たとえば、阪倉（1958, 1993）

は、「仮定条件」節にも「確定条件」節にも、「恒常性」が認められる場合があるとしている（〈恒常仮定〉〈恒常確定〉）。他方、小林（1996）は、「恒常条件」節は「仮定条件」節・「確定条件」節と並立し、かつ、「已然ば」のみが（順接の）「恒常性」を表しうる形式であるとしている。それらを受けて、矢島（2013）は、主節の表現レベルが否定の対象となりうる（推量、依頼、意志表明等でない）文の従属節に、「恒常性」（〈一般性〉）を認定するという基準を示している。

2）「完了性仮定」と「非完了性仮定」

松下（1930）は、（1）（2）のような「未然ば」の用法を〈完了態〉、（4）（5）のような「未然ば」の用法を〈非完了態〉と呼び、〈完了態〉は現代語の「たら」に、〈非完了態〉は現代語の「なら」にあたるとしている。ところが一方で、中世の「―ならば」の中には、現代語の「たら」にあたる例が見られる。

（ⅰ）　されども思ひたつ**ならば**、そこに知らせずしてはあるまじきぞ。
　　　　　　　　　　　　　　　　　　　　　　　　　　（平家・巻9）
　　　〔けれども（身投げを）思い立っ**たら**、おまえに知らせないではいないよ。〕

（ⅱ）　今まゐりあれへおりそいおりそいと申さるる**ならば**、お座敷を見れば破れ的ぢやとおしやれ。（虎明狂言・今参）
　　　〔「今参りよ、あちらへ通られよ、通られよ」と（主人があなたに）言われ**たら**、（あなたは）「お座敷を見ると破れた的だ」とおっしゃい。〕

小林（1996）は、「完了性仮定」条件を「未来時において、動作・作用の完了した場合を仮定するもの」、「非完了性仮定」条件を「完了性以外の一切の仮定」と定義し、「完了性」・「非完了性」を特定の形式と結びつけていない。特に、「非完了性」と「恒常性」（→「研究テーマ1」）との関係をどのように捉えるべきかについては問題が残されている。

参考文献

小林賢次（1996）『日本語条件表現史の研究』ひつじ書房
阪倉篤義（1958）「条件表現の変遷」『国語学』33
阪倉篤義（1993）『日本語表現の流れ』岩波書店
福田嘉一郎（1998）「説明の文法的形式の歴史について―連体ナリとノダ―」『国語国文』67–2
福田嘉一郎（2006）「条件表現の範囲―古典日本語の接続助詞バをめぐって―」『条件表現の対照』くろしお出版
益岡隆志編（1993）『日本語の条件表現』くろしお出版
益岡隆志他編（2014）『日本語複文構文の研究』ひつじ書房
松下大三郎（1930）『改撰標準日本文法』中文館書店（復刊（1978）勉誠社）
森野宗明他編（1980）『佐伯文法―形成過程とその特質―』三省堂
矢島正浩（2013）『上方・大阪語における条件表現の史的展開』笠間書院
山口堯二（1996）『日本語接続法史論』和泉書院

第12章
待遇表現

　身分の上下や親疎といった人間関係や場面によって選択される表現を待遇表現と呼びます。この章では待遇表現の中から敬語（尊敬語・謙譲語・丁寧語）に焦点を当てて、それらを担う動詞、補助動詞、助動詞の用法を見ていきます。

基本例
a. 昔、惟喬の親王と申すみこおはしましけり。（伊勢・82段）
　〔むかし、惟喬の親王と申す親王がいらっしゃった。〕
b. 故君の御事をぞ尽きせず思ひたまへる。（源氏・宿木）
　〔故君（大君）の御ことを尽きることなく想っていらっしゃる。〕
c. 簾すこし上げて、花奉るめり。（源氏・若紫）
　〔簾を少し上げて、花を（仏に）お供えしているようだ。〕
d. 人々、水をすくひ入れたてまつる。（竹取・燕の子安貝）
　〔家来たちが水をすくって（中納言に）飲ませてさしあげる。〕
e. 燕は巣をくひはべる。（竹取・燕の子安貝）
　〔燕は巣を作っております。〕

KEYWORDS：尊敬語、謙譲語、丁寧語、絶対敬語、相対敬語

1. 待遇表現とは

　発話は、話し手や聞き手の置かれた社会的な状況・心理的な状況によって変わる。これらを把握して、話し手が聞き手や第三者に対して選択する言語表現を待遇表現という。敬語は、話し手が聞き手や話題の人物に対する配慮

を表すものである。しかし、待遇表現は目上の人だけでなく目下の人に対する言語表現や、（現代語の）「きさま（貴様）」「〜しやがる」など罵倒・卑下する場合も含む。つまり、待遇表現は人の発話全般にかかわる。本章では、敬語表現を取り上げて解説していく。

2. 尊敬語

尊敬語の機能は、「佐藤先生が田中君におっしゃった」のように、主語を高めることである。これは、古代語から現代語まで共通している。ただし、古代語では中立語形（敬語を表す要素を含まない形）に対応する尊敬語形が、例えば「言ふ」に対する「のたまはす」「のたまふ」のように複数あり、古代語と現代語とで異なる面がある。

2.1　尊敬の本動詞

任意の中立語形に対応する尊敬語形を持つものを、**交替式敬語**という。例えば、「言ふ」に対する「のたまはす」「のたまふ」、「ゐる」に対する「おはす」、「思ふ」に対する「思し召す」などである。

（1）「なほここへ」と**のたまはす**。（枕・宮にはじめてまゐりたるころ）
〔「やはりこちらに来て下さい」と中宮さまは**仰せになる**。〕
（2）「すこしゐざり出でて、やがて月を見て**おはす**」（源氏・須磨）
〔（女君は）すこし這い出て、そのまま月を眺めて**いらっしゃる**〕
（3）「ましていかに荒れゆかむ」と思す。（源氏・須磨）
〔「まして今後はどんなに荒れていくのだろう」と**お思いになる**。〕

これら尊敬の本動詞は、どの人物に対しても使われるというわけではない。(1)の「のたまはす」は、中宮など皇族に関する人々に使われる。しかし「のたまふ」は皇族に準じる人々だけでなく、それ以外の階層にも使用さ

れる。同じ中立語形に対応する尊敬語形であっても、「思す」などもそれらが使用される人物の階層に異なりが認められる。

2.2 尊敬の助動詞・補助動詞

尊敬を表す助動詞に「(ら)る」「(さ)す」がある。

（4）　かの大納言、いづれの舟にか乗ら**る**べき。（大鏡・頼忠）
　　　〔あの大納言（藤原公任）は、どの舟に**お乗りになる**のだろう。〕
（5）　入道みづから中門の廊へ出で**られ**たり。（平家・巻2）
　　　〔入道みずからが中門の廊へ出て**行かれた**。〕
（6）　「人々避けずおさへ**させ**てなむ」と聞こえ**させ**よ。（源氏・帚木）
　　　〔「女房達を下がらせずに、身体をもませております」と**申し上げなさい**。〕
（7）　（帝は）いつしかと心もとながら**せたまひ**て、（源氏・桐壺）
　　　〔帝は早く若宮に会いたいと**お考えになって**、〕

「(ら)る」は中立語形に後接することで尊敬語形を形成し、高い身分から低い身分までを対象として広く用いられる。一方、（7）のように「(さ)す」は尊敬の補助動詞「給ふ」（四段活用）などと結びつき、「(さ)せ給ふ」の形で**二重敬語**として使用される。ただし、単独で尊敬語として使用されることはない。また「(ら)る」と「(さ)す」が結びついて尊敬を表すこともない。助動詞の他に中立語形に後接して尊敬を表すものに、補助動詞「給ふ」（四段活用）がある。

（8）　かぐや姫をかならずあはむまうけして、ひとり明かし暮らし**たまふ**。

（竹取・龍の首の玉）

　　　〔かぐや姫と必ず結婚しようと考え、一人で**お暮らしになっている**。〕

「給ふ」は、「(さ)す」や尊敬の本動詞に後接して二重敬語（「仰せ給ふ」「ご

覧ぜ給ふ」など）となる。二重敬語とは、動作主の行為に対して尊敬語を二つ重ねて表現したものであり、皇族または皇族に準じる人たちに対して使用される。

（9）　（中宮は）御覧じて、いみじうおどろか**せたまふ**。

(枕・うへにさぶらふ御猫は)

〔中宮さまはご覧になって、たいそう**お驚きになる**。〕

二重敬語は、中世・近世に至ると、単に目上の人の行為にも使用されるようになる。

3. 謙譲語

謙譲語の機能は、「田中君が佐藤先生に**申し上げた**」のように文中の補語（「～を」「～に」にあたる）を高めることである。人物のほか、それにかかわる場所なども高める。この機能は、古代語から現代語まで共通している。

3.1　謙譲の本動詞

謙譲語の場合も中立語形に対応する交替式敬語形がある。「行く」に対する「参る」「罷づ」、「言う」に対する「聞ゆ」「申す」、「する」に対する「致す」などである。

（10）　むかし、男、伊勢の斎宮に、内の御使にて**まゐれ**りければ、

(伊勢・71段)

〔昔、男が帝の使者として、伊勢の斎宮に**参上した**ところ、〕

（11）　御息所、はかなき心地にわづらひて、**まかで**なんとしたまふを、

(源氏・桐壺)

〔母君の御息所は病にかかってしまったので、宮中から**ご退出**しようとなさるのを、〕

(12)　「夜更けはべりぬ」と聞こゆれど、なほ入りたまはず。（源氏・須磨）
　　〔「夜も更けました」と申し上げるが、やはり寝所にはお入りにならない。〕

(13)　親の太秦(うずまさ)に籠(こ)もり給へるにも、ことごとなくこのことを申して、
　　　　　　　　　　　　　　　　　　　　　　　　　　（更級・家居の記）
　　〔親が太秦に籠っていらっしゃる時にも、他の事でなくこの事を申して、〕

(14)　良ひ所もござあらば奉公いたし、（虎明狂言・鼻取相撲(はなとりずまふ)）
　　〔よい所があればご奉公いたし、〕

(15)　「よきに奏したまへ、啓したまへ」など言ひても、（枕・正月1日は）
　　〔「よいように天皇に申し上げ、また皇后にも申し上げてください」と言っても、〕

　謙譲語も尊敬語と同様に、(15)の「奏す」「啓す」のように敬意の対象が特定される語彙がある。これは古代語特有の表現である。

3.2　謙譲の補助動詞

　3.1で見た「参る」などは本動詞としての用法が主である。それに対して「聞ゆ」などは補助動詞としての用法もある。本動詞と同様に補語を高める。

(16)　竹の中より見つけきこえたりしかど、（竹取・かぐや姫の昇天）
　　〔竹の中から見つけ申しましたけれども、〕

(17)　このたびは、いかでか辞(いな)びまうさむ。（竹取・蓬莱の玉の枝）
　　〔今回はどうしてお断り申せましょう。〕

　「聞ゆ」の類義語に「申す」がある。古代語では「申す」よりも「聞ゆ」の方が多く用いられていた。「聞ゆ」が平安後期以降に使われなくなり、その後「申す」が幅広く使用される。また、「申す」は「参る」などとともに聞き手に対して丁重さを表す**謙譲語Ⅱ**としても用いられる（→「研究テーマ」）。

第12章　待遇表現　　135

(18) あやまり**申した**、あやまり**申した**。(心中宵庚申)
〔私が間違いました、間違いました。〕

4. 丁寧語

　丁寧語は、話し手が聞き手に対して敬意を表したものである。**対者敬語**ともいう。現代語では「です」「ます」「ございます」がそれにあたる。古代語では「侍り」「候ふ」が使用される。これらは丁寧語としてよりも謙譲語としての使用が目立つ。つまり丁寧語専用の語は古代語にはない。古代語における丁寧語は未発達であったといえる。

4.1　古代語における丁寧語

　古代語の丁寧語には「侍り」「候ふ」がある。これらは会話文・心内文で使用される場合がほとんどである。

(19) いますかりつる心ざしどもを、思ひも知らで、まかりなむずることの口惜しう**はべり**けり。(竹取・かぐや姫の昇天)
〔これまでのご愛情に報いることなく、出ていってしまうことが残念で**なりません**。〕
(20) それは両国が一国なりし時、読み**侍る**歌なり。(平家・巻2)
〔それは両国が一つであったときに詠み**ました**歌です。〕

　丁寧語として、補助動詞「給ふ」が用いられることがある。この「給ふ」は下二段活用で、「見る」など知覚動詞に後接する。また、敬語上の一人称が動作主となる、終止形・命令形での用法が少ない、話し手が聞き手に畏まった場面で多用される、などの特徴が見られる。

(21) 死なむを期にてと思ひ**たまふる**を、(大和・168段)

〔死ぬまでいようと思って**おりました**が、〕

4.2　中世後期以降の丁寧語

　中世後期以降、丁寧語専用の語が発達する。中世における「おりやる」「おじゃる」「ござある」、近世以降よく用いられる「ます（る）」「ござる」「ございます」などである。

(22)　留主も申付ておいたによつて、自身持て**おりやる**。（虎明狂言・船渡聟〔ふなわたしむこ〕）
　　　〔留守も申しつけておいたので、私自身が持っています。〕
(23)　おうぢごは耳もとをし、おいかがまりて**おじゃる**ほどに、
　　　　　　　　　　　　　　　　　　　　　　　　（虎明狂言・薬水〔やくすい〕）
　　　〔お祖父さまは耳も遠く、腰も曲がっていますので、〕
(24)　罷〔まか〕り出でたる者は、洛中に住居いたす者で**ござある**。
　　　　　　　　　　　　　　　　　　　　　　　　（虎明狂言・煎じ物〔せんじもの〕）
　　　〔登場いたしました者は、都に住んでおります者です。〕
(25)　何方〔いづかた〕から見まらしても、同じなりで見事に**ござる**。（虎明狂言・入間川〔いるまがは〕）
　　　〔どこから見ても、同じ形で見事です。〕
(26)　さりながら旧冬は何かと用事にさへられまして、俊陰の巻を半過〔なかば〕るほどで捨て置き**ました**。（浮世風呂・3下）
　　　〔そうはいっても旧冬はなにかと用事に邪魔されて、俊陰の巻を半分ほど読んだままで置いて**あります**。〕

5.　古代語と近代語の待遇表現

　古代語と近代語の相違点は、古代語が**絶対敬語**であるのに対し近代語は**相対敬語**である点、古代語に見られた**自敬敬語・二方面敬語**が近代語では見られない点である。

第12章　待遇表現　　137

5.1 絶対敬語と相対敬語

　絶対敬語とは、話題にする人物が眼前に存在していようといまいと関係なく、その人物の身分に配慮して一定の敬語を用いて話し手が待遇することをいう。これは地の文・会話文とも同様である。(27)では、藤原斉信が道長と兄である藤原誠信(左衛門督)を話題として会話している。現代語であれば、兄弟のことを第三者に話す場合に敬語は用いないが、身分の高い誠信に配慮して敬語形式を用いている。

(27)　左衛門督の**申さ**るれば、いかがは。(大鏡・為光)
　　　〔左衛門督が(中納言の)**申請をなさる**ので、私はどうしてできるでしょう。〕

　これに対し相対敬語とは、〈話し手と聞き手との関係や会話がなされる状況によって話題の人物を待遇する〉ものである。つまり同じ人物関係であっても、場面によって敬語の使用が異なるというわけである。(28)は従者が主人に怒る場面であるが、敬語表現は用いられていない。中世末ではこのような例が多く、相対敬語としての側面を示している。

(28)　一人に色々の物を持たせては、面目を失なふ事なれども、合点がゆかぬ。(虎明狂言・止動方角)
　　　〔一人に色々な物を持たせては、面目を失ってしまうが、納得がいかない。〕

　以上のように、絶対敬語から相対敬語へとゆるやかに移行していったのである。

5.2 自敬敬語と二方面敬語

　自敬敬語とは、自らを敬う表現のことである。古代語においては、天皇が自分自身の行為に敬語表現を用いる。

(29)　汝が持ちてはべるかぐや姫**奉れ**。（竹取・かぐや姫の昇天）
　　〔お前の元にいるかぐや姫を帝に**献上しなさい**。〕

　自敬敬語は宮廷社会の儀礼の場から出たとされ、帝を中心とした人物が使用する。
　二方面敬語とは、主語と補語を同時に高めるために、「聞こえ＋たまふ」のように「謙譲語＋尊敬語」の形を用いることをいう。古代語の場合、主語と補語について身分の上下を気にすることなく、二方面敬語を使用することができる。(30)では、「奏す」が帝を高め、「給ふ」が源氏を高めている。

(30)　「いとほしう思ひたまへられはべりて」と**奏したまふ**。（源氏・賢木）
　　〔（光源氏は帝に）「宮が不憫に思われますので」と**申し上げなさる**。〕

■史的変遷のポイント

　待遇表現史において、古代語は**絶対敬語**、近代語は**相対敬語**とされる。しかし古代語研究では宮中などの限られた世界の言語を対象としているため、当時が絶対敬語であったかどうかは実際のところ明らかではない。『枕草子』に「使用人が主人に対して尊敬語を過剰に使うことがにくらしい」という記述があることから、森野(1971)は「話し手の心理状態によって敬意が付加されるかどうかという取捨選択がなされている」と指摘する。この指摘によれば、古代語が全くの絶対敬語ではなく、相対敬語の要素も含んでいたことになる。絶対敬語から相対敬語へと変化した時期は明確でないが、一つの転換期として、丁寧語が発達する中世後期を想定することができる。つまり尊敬語・謙譲語（**素材敬語**）から丁寧語（**対者敬語**）への変化である。「尊者を位置づけることが重視される時代」（尊者定位）から「自己を位置づけることが重視される時代」（自己定位）への変化という見方もある（→森山 2003）。
　上記のような変化が見られる一方で、敬語語彙が持つ待遇価値の変化も古代から見られる。この変化のことを**敬意逓減の法則**という。この法則は、あ

る任意の時代に使用され始めた敬語語彙は一般的に高い敬意を持っているが、時代が下るとともにその敬意が下がることをいう。例えば「きさま（貴様）」は、近世後期では、下位者が上位者に対して使用する対称代名詞であった。しかし次第に上位者が下位者に使うことばへと変わっていった（→辻村1968）。「行く」「来る」の尊敬語として使用されていた「ござる」も、近世初期から近世後期にかけて、話し手に対する聞き手の身分が上位者から下位者へと変化している。敬語動詞にもこの法則があてはまる。

■研究テーマ

1) 謙譲語の種類

　2007年の文化審議会「敬語の指針」では、これまでの敬語研究を踏まえて謙譲語を謙譲語Ⅰと謙譲語Ⅱに分類した。謙譲語Ⅰは（ⅰ）のように補語を高める働きを持ち、丁寧語「ます」を伴わずに使用できる。

（ⅰ）　先生のお部屋に伺う。

　一方、謙譲語Ⅱは、語形としては謙譲語であっても、（ⅱ）のように補語を高める機能を持たず、丁寧語「ます」を伴って使用するという特徴がある。

（ⅱ）　私は田中と申します。

　謙譲語Ⅱは聞き手に対して丁重な物言いを表すという点で、丁寧語と類似している。しかし謙譲語Ⅱが自分側のことを述べる場合にのみ使用するのに対し、丁寧語は自分側以外のことにも広く使用できる。

2) 敬語の承接関係

　古代語における敬語形は、謙譲語→尊敬語→丁寧語の順で承接する。このうち、尊敬語だけは重ねて使用することができる（いわゆる二重敬語）。一

方、現代語における敬語の承接は、丁寧語が最後に位置することは古代語と共通しているが、それ以外は古代語のような決まりはない。菊地（1997）では、現代敬語の承接について「耳慣れない」表現もあるとしながらも、「尊敬語形＋謙譲語形（お招きになってさしあげる）」「謙譲語形＋謙譲語形（お招きしてさしあげる）」などの例を指摘している。このような承接がなぜ現代語で可能となったのか、という点については今後の課題である。

3）「です」「ます」の語源

　現代語の丁寧語「です」「ます」の語源については、未だ明らかでない部分がある。まず、「ます」の代表的な語源説は以下のとおりである。
　①「まゐらす」
　②「申す」
　③「坐す（いま）」

　このうち③は「ます」との関係を考えるとき時代的に開きがあり、語源としては無理がある。有力なのは①である。①は「まゐらす→まゐらする→まらする→まっする→まする→ます」のような変化があったとするものである。しかし、(18)のような謙譲語Ⅱとしての「申す」からの影響も無視できないとの説もあり、定説には至っていない。

　一方、「です」の語源説には以下のようなものがある。
　①「で候ふ」
　②「であります」
　③「でございます」

　「で候ふ」は狂言資料に見られるもので、「にて候ふ→でさう→です」のような変化を想定することができる。しかし、用いられる場面に制約があり、このような語が後の時代に発達していくことは考えにくい。「であります」は、近世期の資料や諸方言に見られる「であす」「でえす」「だす」「どす」などの諸形式をも説明できそうであるが、「あります」という形を前時代の文献で確認できないという難点がある。したがって、現段階でもっとも可能性が高いのは「でございます」である。丁寧語の語源の問題は、近代語資料

と方言に見られるデータをどのように解釈するかという、きわめて興味深いテーマを提供している。

参考文献
穐田定樹（1976）『中古中世の敬語の研究』清文堂出版
菊地康人（1997）『敬語』講談社
近藤泰弘（2000）『日本語記述文法の理論』ひつじ書房
辻村敏樹（1968）『敬語の史的研究』東京堂出版
宮地裕（1971）「現代の敬語」『講座国語史5　敬語史』大修館書店
森野崇（2003）「中古の共時態としての敬語、動態としての敬語」『朝倉日本語講座8　敬語』朝倉書店
森野宗明（1971）「古代の敬語Ⅱ」『講座国語史5　敬語史』大修館書店
森山由紀子（2003）「謙譲語から見た敬語史、丁寧語から見た敬語史—「尊者定位」から「自己定位」へ—」『朝倉日本語講座8　敬語』朝倉書店
渡辺英二（1981）「中古敬語と現代敬語—「謙譲語」について—」『講座日本語学9　敬語史』明治書院

第13章
ダイクシス

　発話の場に依存する言語表現をダイクシスと呼びます。また、ダイクシスにかかわる表現をダイクシス表現と呼びます。この章では、典型的なダイクシス表現として指示詞を取り上げます。授受表現、移動動詞、人称代名詞についても解説します。

基本例
a. これは故衛門督の末の子にて、いとかなしくし侍りけるを、（源氏・帚木）
　〔この子は故衛門督の末子で非常に大事にしておりましたが、〕
b. その時の女御、多賀幾子と申す、みまそかりけり。それうせたまひて、安祥寺にてみわざしけり。（伊勢・77段）
　〔その当時の女御…その人がお亡くなりになって、安詳寺でご供養をした。〕
c. かしこより人おこせば、これをやれ。（伊勢・96段）
　〔あちらから人を使いによこしたら、これ（＝歌を書いた紙）をわたせ。〕
d. あの国の人をえ戦はぬなり。（竹取・かぐや姫の昇天）
　〔あの国（＝月世界）の人を相手に戦うことはできないのだ。〕
e. いま来むといひしばかりに（古今・691）
　〔すぐに行こうとあなたが言ったばかりに〕

KEYWORDS：指示詞、移動動詞、授受動詞、人称代名詞

1. ダイクシスとは

　言語表現において、発話される場面によって指示する内容が変わるもの

143

をダイクシス (deixis) と呼ぶ。ダイクシス表現は、「今、ここ、私」(= deictic center)を指標として意味が決まるものである。**指示詞**は典型的なダイクシス表現である。また、**人称代名詞、移動動詞、授受動詞、時の名詞**などもダイクシス表現に含まれる。本章では、これらのダイクシス表現について見ていく。

2. 指示詞

2.1 指示詞とは

　現代語の指示詞には、コ系、ソ系、ア系の三種で使い分けがある。
- コ系　（話し手のケーキを指して）　「このケーキは美味しいよ」
- ソ系　（聞き手のケーキを指して）　「そのケーキは美味しいかい」
- ア系　（お店のケーキを指して）　　「あのケーキは美味しそうだね」

コ系は話し手の近くにあるものを指す。ソ系は聞き手の近くにあるものを指す。ア系は話し手と聞き手のどちらからも離れた位置にあるものを指す。
　指示詞には、**現場指示**と**文脈指示**という二つの用法がある。現場指示とは、その会話の場で知覚できるものを直接指示する用法であり、文脈指示とは談話やテクストでの先行表現を指示する用法である。また、**直示用法**と**非直示用法**に二分する分類もある。この分類では、直示用法が現場指示の用法に該当する。非直示用法は、先の文脈指示に該当する照応用法と観念用法とに、さらに二分される。観念用法では、「（昔を想起して）あのケーキは美味しかったなあ」のように、指示対象が会話の現場にも、先行文脈にも存在せず、長期的な記憶の中に指示対象が存在することになる。
　次に、中古語での基本的な語形を表で示す。話し手と聞き手のどちらからも離れたものを指示する語形として、カ系とア系が併用されている。

	コ系	ソ系	カ系	ア系
—φ	コ	ソ	カ	ア
—レ（事物）	コレ	ソレ	カレ	アレ
—コ（場所）	ココ	ソコ	カシコ	アシコ
—チ（方向）	コチ	ソチ	φ	アチ
—ナタ（方向）	コナタ	ソナタ	カナタ	アナタ
—ノ（修飾）	コノ	ソノ	カノ	アノ

2.2 指示代名詞

（a） コ系

　コ系の指示代名詞は、歴史的に見て語形・用法の点で安定している。

（1）　「いかなる所にか**この**木はさぶらひけむ、あやしくうるはしくめでたき物にも」（竹取・蓬莱の玉の枝）
　　〔「…**この**木はあったのでしょうか…」〕
（2）　思はむ子を法師になしたらむこそ、心苦しけれ。…**これ**昔の事なめり。今はいとやすげなり。（枕・思はむ子を）
　　〔…**これ**は昔のことのようだ。…〕

　（1）が現場指示、（2）が文脈指示の例である。現代語のコ系指示代名詞とほぼ同様のものであり、大きな変化は認められない。

（b） ソ系

　ソ系の指示代名詞は、平安時代には現場指示の例が少ない。ただし、「そこ」の例がある。

（3）　「**そこ**は前の生に、この御寺の僧にてなむありし」（更級・宮仕への記）
　　〔「**そなた**は前世で、この御寺の僧であった」〕
（4）　碁打ちはてて結すわたり、心とげに見えてきはぎはとさうどけば、

第13章　ダイクシス　　145

奥の人はいと静かにのどめて、「待ちたまへや。**そこ**は持にこそあらめ、このわたりの劫をこそ」など言へど（源氏・空蟬）
〔「…そこはせき（＝勝敗のつかない箇所）でしょう、このあたりの劫（＝石を取り合う箇所）を」〕

(3)が人、(4)が場所を指す例である（→「史的変遷のポイント」）。
一方、文脈指示の例は数多く見られる。

(5)　おなじほど、**それ**より下郎の更衣たちは、まして安からず。

（源氏・桐壺）

〔同じ程度の身分、**それ**（桐壺更衣）より地位の低い更衣たちは、まして気分が穏やかでない。〕

(6)　この皇子三つになりたまふ年、御袴着のこと、…いみじうせさせたまふ。**それ**につけても世の誹りのみ多かれど、（源氏・桐壺）
〔…**それ**（袴着の盛大な儀式）にかこつけても世の非難だけが多くあるが、〕

(5)は先行文脈での特定の語を指示し、(6)は先行文脈全体を指示している。文脈指示は、現代語とほぼ同様の用法である。

(c)　カ系・ア系

平安時代では、現代語のア系にあたるものに、カ系とア系があり、併用されている。現場指示の例を挙げる。

(7)　池はいと涼しげにて、蓮の花咲きわたれるに、…「**かれ**見たまへ。おのれひとりも涼しげなるかな」とのたまふに、（源氏・若菜下）
〔…「**あちら**（池の様子）を御覧なさい。自分ひとりだけで（悩みもなさそうで）涼しそうだな」…〕

(8)　親の来たるに所を得て、「**あれ**見せよ、やや、母」など、ひきゆるがすに、…手づから引きさがし出でて、（枕・人ばへするもの）

〔…「**あれ**見せてよ、ねえ、母さん」…自分の手でひっぱって探し出して、〕

　(7)の「かれ」は会話の中で話し手にも聞き手にも可視的でかつ少し距離のある場所を指示する例、(8)の「あれ」は話し手の子どもにも聞き手の母親にも距離のある場所にある物を指示する例である。

　文脈指示の例もある。

(9)　「**かの**撫子(なでしこ)のらうたくはべりしかば、いかで尋ねむと思ひたまふるを、今もえこそ聞きつけはべらね」(源氏・帚木)
　　〔「**あの**(別れた女性との間の)子どもが可愛ゆうございましたので、…」〕

(9)は、『源氏物語』の「雨夜の品定め」で男性が女性談義をしている例で、女性たちはあくまでも話題として登場するだけである。そして、ここでの「撫子」は先行表現で子どもの存在が語られており、文脈指示にあたる。ただし、(9)は、話題になっているものの、直接的に先行詞を指示しない点を重視すれば、観念用法の可能性もある。次の(10)と比較してみよう。

(10)　「**かの**通ひはべる所のいとまばゆき玉の台(うてな)に、うひうひしうきすくなる様にて出で入るほども、…」(源氏・真木柱)
　　〔「**あの**通っております(玉鬘(たまかづら)の)所がまことにまばゆい玉のようなお屋敷で、まじめ一方の様で(婿として)出入りするのも、…」〕

(10)では、特に先行する会話に玉鬘の話題はなく、唐突に話題に持ち出す人に「かの」が用いられる点で(9)とは相違し、観念用法である。しかし、(9)と(10)とでは、相違点はあるにしろ、その会話の場で、あらためて想起したとして用いられる点では同様で、カ系における両者の差異は小さい。

第13章　ダイクシス　　147

3. 移動動詞

古代語の「来」では、現代語では非文となる「*明日そちらに来ます。」のような例が存在する。

(11)　名にし負はば相坂山のさねかづら人に知られで**くる**よしもがな

(後撰・700)

〔…人に知られないであなたの所へ**行く**方法があればいいのに〕

「行く」が視点から遠ざかり、「来」が視点に近づくという点においては、古代語は現代語と同様である。(11)のような例は、九州などの一部の方言や英語やフランス語でも可能であり、話し手自身が移動するにもかかわらず、「来」が用いられている。これは、古代語において話し手自身が移動する際、「来」の使用制約が現代語よりも弱いからである。

一方、尊敬語形の「おはす」「おはします」は、「行く」と「来」の区別なく用いられる。この点は、現代語「いらっしゃる」が「行く」と「来る」の尊敬語形であるのと同様である。

(12)　「母君の**おはし**けむ方も知らず、…」（源氏・玉鬘）

〔「母君の**いらっしゃった（行かれた）**方も知らない、…」〕

(13)　「くらもちの皇子**おはし**たり」（竹取・蓬莱の玉の枝）

〔「くらもちの皇子が（竹取翁宅に）**いらっしゃった（来られた）**」〕

(12)は「行く」の尊敬語形、(13)は「来」の尊敬語形の例である。

4. 授受表現

古代語の授受表現においては、敬語の形式である「たてまつる」「たまふ」「たまはる」の例が多い。非敬語の形式である「やる」の例はあるものの、

(17)のように「手紙を送る」意味であり、授受動詞の体系が確立していない(→第15章第2節)。

(14)　君に馬は**奉**りて、（源氏・夕顔）
　　　〔君（光源氏）に馬は**さしあげ**て、〕
(15)　山がつまで、さるべき物どもも**たまひ**、（源氏・若紫）
　　　〔山の住人にまで、（光源氏は）しかるべき物などを**お与えになり**、〕
(16)　聖、御かはらけ**たまはり**て、（源氏・若紫）
　　　〔聖は、（光源氏から）ご酒盃を**いただい**て、〕
(17)　文**やり**たまふに、書くべき言葉も例ならねば、…をかしき絵などを**やり**たまふ。（源氏・若紫）
　　　〔（光源氏が子どもの若紫に）手紙をお**送り**になるに、…可愛らしい絵などをお**送り**になる。〕
(18)　片手には網うどに魚を**もらう**てもち、（平家・巻3）
　　　〔…魚を**もらっ**て持ち、〕

　(14)が「やる」の謙譲語形、(15)が「やる」の尊敬語形、(16)が「もらう」の謙譲語形である。(17)のように、「やる」は、話し手から相手側への授受というよりも、目の前にいない相手に手紙等を送る意味で用いられる。(18)に挙げた「もらふ」の例は他者から魚を受け取る意味で、現代語の「もらう」と同じ用法である。こうした意味の「もらふ」は中世以降に見られる。

5.　人称代名詞

　古代語の人称代名詞としては、一人称の「わ」（「われ」）と二人称の「な」（「なれ」「なむち」）が挙げられる。三人称の人称代名詞は未発達である。また、人称代名詞のかわりに、指示代名詞が用いられることもある。

(19)　「**我**が名はうかんるり」（竹取・蓬萊の玉の枝）

〔「私の名は『うかんるり』」〕
(20) 「**汝**がもちて侍るかぐや姫たてまつれ。…」

(竹取・かぐや姫帝の召しに応ぜず)

〔「**お前**が持っておるかぐや姫を献上せよ。…」〕
(21) かの紫のゆかり尋ねとりたまへりしをり思ひ出づるに、**かれ**はされて言ふかひありしを、**これ**は、いといはけなくのみ見えたまへば、

(源氏・若菜上)

〔あの紫のゆかり(である紫上)をたずねて得られた折をお思い出しになると、**あれ**(紫上)は気が利いて手応えがあったのに、**これ**(女三の宮)は、非常に幼いだけにお見えになるので、〕

　(19)は一人称の「わ」の例、(20)は二人称の「なむち」の例である。基本的に、「な」は自分よりも下位の者に対して用いられる。また、親しみをこめて用いられることもある。(21)は目の前にいる者を「これ」、目の前にいない者を「かれ」で指示する例である。
　代名詞のかわりに、場所を示す名詞や役職名で人を指す場合もある。

(22) 「**御前**にだにつつませ給はむことを、まして別人はいかでか」

(源氏・手習)

〔「**御前**(中宮様)でさえご遠慮なさるであろうことを、まして他の人はどうして(お話できましょう)か」〕
(23) 「故姫君は、十ばかりにて**殿**におくれたまひしほど、いみじうものは知りたまへりしぞかし。…」(源氏・若紫)

〔亡き姫君は、十歳くらいで**ご主人様**(お父様)に先立たれなさったころ、非常にものの道理は知っていらっしゃったことだよ。…」〕
(24) 「**大将**こそ、宮抱き奉りて、あなたへ率ておはせ」(源氏・横笛)

〔「**大将**よ、宮(私)をお抱きして、あちらへ連れていらっしゃい」〕

　(22)の「御前」は〈貴人の前あたりの場所〉が転じて人を意味するように

150

なった例である。(23)は〈屋敷〉の意味の「殿」がその家の主人を意味する例である。ここでは姫君の父親を指す。(24)は役職名の「大将」で目の前にいる人を呼ぶ例である。

ただし、これらの語は、本来場所そのものや役職を意味するものであり、「殿の内人少なに(屋敷の中は人が少なく)」(源氏・葵)のような例が数多く用いられる。

■ **史的変遷のポイント**

指示代名詞では、コ系は奈良時代から現代までその用法に大きな変化はない。一方、ソ系にはいくつか注意すべき点がある。

奈良時代においては、ソ系には文脈指示の例はあるものの、明らかな現場指示の例がない。平安時代でも初期の仮名文献には例がなく、11世紀以降に、「そこ」の例が見られる。現代語と同様の、相手の領域にあるものを「それ」で指示する例は室町時代末になって現れる。

(i) 　白い布で包んだ髑髏(しゃりかうべ)を一つ取り出いたれば、頼朝、「**それは何ぞ**」と問はるるに、「**これこそ**おん身の父左馬頭(さまのかみ)殿の首(かうべ)でござれ」

(天草平家・巻2)

〔白い布で包んだ髑髏を一つ取り出すと、頼朝が、「**それは何だ**」と質問なさると、「**これこそ**あなたの父左馬頭殿の首でござる」〕

カ系は、上代には例が非常に少なく、不明な点が多い。ア系は平安時代からカ系と併用されるようになる。カ系が文章語的で、ア系が口語的という違いがある。カ系は堅苦しい表現と意識され、文章語での使用に限定される。

人称代名詞の史的変遷では、上代以来、一人称は「わ」の系列、二人称は「な」の系列が用いられた。二人称では、他に「おまへ」や「きみ」、近世以降には「あなた」「きさま」などが用いられた。

第13章　ダイクシス　151

（ii）　春日野の雪間をわけておひいでくる草のはつかに見えし**君**はも

(古今・478)

〔…わずかに見えた**君**であることよ〕

（iii）　さあ、**あなた**様、あれへお越し、（浄瑠璃・難波丸金鶏(なにわまるこがねのにわとり)）

〔さあ、**あなた**様、あちらへお越し、〕

三人称の「彼」は近代に成立した。当初は女性にも使用した。

（iv）　この間余はエリスを忘れざりき。否、**彼**は日ごとに書(ふみ)を寄せしかばえ忘れざりき。　　　　　　　　　　　　　　　　　　　　　（森鷗外『舞姫』）

〔この間、私はエリスのことを忘れなかった。いや、**彼女**は毎日手紙を送ってきたので、（私は彼女のことを）忘れることができなかった。〕

「彼女」は「彼(か)の女」が変化して成立した語である。

■研究テーマ

1) 指示代名詞の体系の変遷

　奈良時代の指示代名詞の体系については、カ系の例がきわめて少ないことから、コ系とソ系の二項体系とする説がある。ただ、歌謡中心の資料のため使用が偏った可能性は無視できない。現場指示の例を重視する立場では、ソ系に文脈指示の例しかない点から、現場指示ではコ系とカ系の二項体系であることも考えられる。ソ系の現場指示の例が、(3)(4)の「そこ」のように11世紀以降にしか見られないのはその根拠の一つとなる。

　平安時代以降、ソ系とア系の現場指示の例が見られるようになり、現代語と同様の三項体系へと移行していった。

2) 接続詞の発達

　奈良時代には、指示副詞の「しか」や本来場所を示すコ系の「ここ」が、

文脈指示の用法を介して接続詞として用いられる例がある。

（ⅰ）　**しかくして、**高天原動みて、八百万神共に咲ひき。**ここに、**天照大御御神、怪しと以為ひ…（古事記・上）
　　　〔**そのようにして、**高天原どよめいて、八百万の神がともに笑った。**このとき、**天照大御神は、…〕

　指示副詞から、接続詞として使用されているものに、「かくて」「さて」などがあり、平安時代の仮名文献では多く用いられている。

（ⅱ）　節をへだてて、よごとに、黄金ある竹を見つくることかさなりぬ。**かくて、**翁やうやう豊かになりゆく。（竹取・かぐや姫の生ひ立ち）
　　　〔節をへだてて、空洞ごとに、黄金のある竹を見つけることが重なった。**こうして、**翁は次第に豊かになっていく。〕
（ⅲ）　雲もみな波とぞ見ゆる海女もがないづれか海と問ひて知るべくとなむ歌よめる。**さて、**十日あまりなれば、月おもしろし。（土佐・1月13日）
　　　〔「雲もすべて波と見える。海女がいてほしい。どれが海とたずねてわかるように」と歌をよんだ。**そうして、**十日を過ぎた頃なので、月は風情がある。〕

　ただし、これらの例は、現代語のような論理関係を示すための接続詞であるとは考えにくい。いずれも、指示詞の部分で前の文脈を承けた上で、それ以降の文脈につなげるものであり、具体的な指示内容を踏まえて用いられている。

参考文献
李長波（2002）『日本語指示体系の歴史』京都大学学術出版社
岡﨑友子（2010）『日本語指示詞の歴史的研究』ひつじ書房
金水敏・田窪行則編（1992）『指示詞』ひつじ書房
金水敏・岡﨑友子・曹美庚（2002）「指示詞の歴史的・対照言語学的研究―日本語・韓国語・トルコ語―」『シリーズ言語科学4　対照言語学』東京大学出版会

古川俊雄（1995）「授受動詞「くれる」「やる」の史的変遷」『広島大学教育学部紀要—第2部』44

近藤泰弘（2000）『日本語記述文法の理論』ひつじ書房

佐久間鼎（1951）『現代日本語の表現と語法（改訂版）』恒星社厚生閣（増補版（1983）くろしお出版）

永田高志（2015）『対称詞体系の歴史的研究』和泉書院

橋本四郎（1982）「指示詞の史的展開」『講座日本語学2　文法史』明治書院

宮地裕（1999）『敬語・慣用句表現論—現代語の文法と表現の研究（2）—』明治書院

第14章
談話・テクスト

　文を超えた言語単位として、「談話」「テクスト」があります。談話は主として話しことばを、テクストは主として書きことばを反映しています。この章では、述語の省略、繰り返しなどの談話的要素について見ていきます。また、テクストについては、助動詞「けり」による物語文の構造を中心に解説します。

基本例
a.【倒置文】何事ぞ、生昌（なりまさ）がいみじうおぢつる。（枕・大進生昌が家に）
　〔何事だ、成昌がたいそうおびえたのは。〕
b.【冒頭文】今は昔、竹取の翁といふ者ありけり。
　　　　　　　　　　　　　　　　　　　　　（竹取・かぐや姫の生ひ立ち）
　〔今となっては昔のことだが、竹取の翁という者がいた。〕
c.【末尾文】その煙、いまだ雲の中へたちのぼるとぞ、いひ伝へたる。
　　　　　　　　　　　　　　　　　　　　　　　　（竹取・かぐや姫の昇天）
　〔その煙は、いまだに雲の中へと立ち上ると、言い伝えた。〕
d.【接続詞】かくて、翁やうやう豊かになりゆく。
　　　　　　　　　　　　　　　　　　　　　（竹取・かぐや姫の生ひ立ち）
　〔こうして、翁は次第に豊かになっていく。〕

KEYWORDS：感動詞、終助詞、冒頭表現、額縁構造、接続詞

1. 談話・テクストとは

　談話（discourse）とテクスト（text）は、ともに、二つ以上の文が集まってで

きた言語単位である。「談話」は話しことばを指すことが多く、「テクスト」は書きことばを指すことが多い。本章では、談話については、実際の発話らしさを示すものとして、倒置表現、言いさし表現や感動詞・終助詞による表現を取り上げる。テクストについては、平安時代の物語作品における額縁構造を中心に解説する。

2. 談話

　書かれた文学作品ではあるものの、平安時代の仮名文学作品の会話部分では、当時の談話の特徴を示す要素が見られる。
　基本例 a では倒置文を挙げた。以下の例は、述語の省略、繰り返し、勧誘文、希求文である。

(1)　【述語の省略】「さてこの歌は、ここにてこそ詠まめ」など言へば、「**されは、道にても**」など言ひて、みな乗りぬ。（枕・五月の御精進のほど）
　　　〔「さて、この歌はここでこそ詠もう」など言うと、「**それはともかく、道中ででも（詠もう）**」…〕
(2)　【繰り返し】ここまだし、ここまだし。（枕・五月の御精進のほど）
　　　〔ここがまだまだ、ここがまだまだ。〕
(3)　【勧誘文】いざ、この山のかみにありといふ布引の滝見に登らむ。
　　　　　　　　　　　　　　　　　　　　　　　　　　　　　（伊勢・87段）
　　　〔さあ、この山の上にあるという布引の滝を見に登ろう。〕
(4)　【希求文】翁の申さむこと、聞きたまひてむや。（竹取・石作りの皇子）
　　　〔翁の申すことを、お聞きになる**だろうか**（ぜひ聞いてほしい）。〕

(1)では、前の会話で示された述語「詠まめ」が次の会話では省略されている。(2)は同じ文の繰り返しである。(3)では呼びかけの感動詞「いざ」と述語に助動詞「む」とを用いることで、〈自分と一緒に登ろう〉という勧誘を表している。(4)では係助詞「や」を文末に用いて疑問文の形をとりつつ、

結果的に相手に自分の希望を聞き入れることを求めている。

また、(3)に挙げたような感動詞や会話でのみ用いられる一人称の例なども見られる。

(5) **あな若々し。**(源氏・夕顔)
〔ああ若々しい。〕
(6) **くはや**。昨日のかへりごと。(源氏・末摘花)
〔さあ。昨日の返事。〕
(7) ただ「**むむ**」とうち笑ひて(源氏・末摘花)
〔…「うう」と…〕
(8) …召せば、「**を**」といとけざやかに聞こえ出できたり。(源氏・行幸)
〔…「はい」…〕
(9) **いな**、これはかたはらいたし。(源氏・野分)
〔いや、これはきまりが悪い。〕
(10) ある人の子の童なる、ひそかに言ふ。「**まろ**、この歌の返しせむ」といふ。(土佐・1月7日)
〔…「ぼくが、この歌の返歌をしよう」…〕

(5)は感動、(6)は呼びかけ、(7)は低い笑い声を表す感動詞である。(8)は承認の返答、(9)は否認の返答を表す応答詞である。(10)「まろ」は、古代語では、この例のように子供も含む様々な立場の者に用いられたが、中世以降ではもっぱら皇族や貴族階級の一人称のことばとなった。

会話で聞き手への発話態度を表す終助詞では、(11)の終助詞「かし」や(12)の終助詞「な」が挙げられる。現代語では、「かし」が「よ」に、「な」が「ね」にほぼ相当する。

(11) げに、そも、またさることぞ**かし**。(枕・清涼殿の丑寅の隅の)
〔本当に、それも、またそういうことだよ。〕
(12) 憎しとこそ思ひたれ**な**。(源氏・夕顔)

第14章 談話・テクスト　157

〔(私を)憎たらしいと思っているね。〕

3. テクストの構造

3.1 額縁構造とは

　平安朝の物語をテクストとして見ると、その冒頭の表現・末尾の表現と、助動詞「けり」が注目される。とりわけ、『竹取物語』は、「今は昔～けり」(→基本例 b)の冒頭文から、「～とぞいひ伝へたる」(→基本例 c)の末尾文で物語が終了する、典型的な**額縁構造**(「枠構造」「枠物語」ともいう)を持つ物語である。

今は昔、竹取の翁といふものありけり。 　　︙ そのよし承りて、兵士どもあまた具して、山へ登り**ける**よりなん、その山を、富士山と名づ**ける**。	物語の世界(記述) ・助動詞ケリ
その煙、いまだ、雲のなかへ、たちのぼるとぞ、言ひ伝へたる。	作者の世界(総括) ・助動詞タリ

(塚原 1987 より)

　表のように、『竹取物語』では、「今は昔」という物語の展開する時を示す冒頭表現からはじまり、助動詞「けり」の文末の文(以下「**けり**」**終止文**)を用いて、物語の世界が語られていく。そして、物語の末尾では、「とぞ、言ひ伝へたる」と、物語の語り手である作者が物語の世界を総括するかたちで物語が終わる。

　また、額縁構造をなす作品では「けり」終止文が、話のまとまりを示している。

(13)　右大臣阿倍御主人は、財豊かに家広き人にておはし**けり**。…と言ひければ、これを聞いて**ぞ**、とげなきものをば、「あへなし」と言ひける。

(竹取・火鼠の皮衣)

〔右大臣阿倍御主人は、財宝が豊かで広い邸宅に住む人でいらした。…と言ったので、これを聞いて、しっかりしたところのないものをば、「あっけない」と言った。〕

　火鼠の皮衣の話では、最初に人物紹介が「けり」終止文で示され、最後の語源説明も「けり」終止文である。このように、最初と最後に「けり」終止文を用いることで、話のまとまりを示している。
　『竹取物語』以降も平安時代の物語では、「昔」などの冒頭表現で説き起こされ、「けり」終止文により話のまとまりが示されるという構造が見られる。
　額縁構造は『源氏物語』にも踏襲されている。

(14)　【冒頭文】いづれの御時にか、女御更衣あまたさぶらひたまひける中に、いとやむごとなき際にはあらぬが、すぐれて時めきたまふありけり。(源氏・桐壺)
　　〔どの帝の御代であったか、女御や更衣が大勢お仕えしていらっしゃった中に、非常に身分の高い分際ではない方で、格別に寵愛を受けていらっしゃる方がいた。〕

(15)　【末尾文】落としおき給へりし習ひにとぞ、本に侍める。(源氏・夢浮橋)
　　〔捨ておきなさっていた経験によりと、本にございますような。〕

　長大な『源氏物語』でも、『竹取物語』と同様に、(14)「いづれの御ときにか」の冒頭表現と「けり」終止の冒頭文と、(15)「とぞ本にはべめる」で物語全編が閉じられるという額縁構造がとられているのである。
　物語作品の地の文には、『竹取物語』の例からもわかるように、助動詞「けり」が多用されている。一方、同じ和文の作品でも、『土佐日記』や『蜻蛉日記』のような日記作品では、けっして用例が多いわけではない。この傾向差は、平安時代の物語作品においては、助動詞「けり」が段落の区画など、語りの重要な役割を果たしていることを示すものである。

第14章　談話・テクスト

説話作品においても、助動詞「けり」による額縁構造がとられている。この構造が見られる代表的な作品は、『今昔物語集』である。

(16)　今昔、東ノ人否不知ズシテ、花山院ノ御門ヲ、馬に乗乍ラ渡リニケル。院ノ内ヨリ、…引キ入レツ。…男ハ…逃ゲ去ヌ。院ノ下部共…当ニ追着ナムヤハ。遂ニ行ケム方ヲ不知ズシテ失セニケリ。院ハ、「故奴ハ極カリケル盗人カナ」ト被仰テ、強ニモ腹立セ不給ズ成リニケレバ、彼尋ル事モ無テ止ニケリ。男ノ、「馳散シテ逃ナム」ト思ヒ寄ケム心コソ、極テ太ケレドモ、逃ニケレバ、云フ甲斐無キ嗚呼ノ事ニテ止ニケリ、トナム語リ伝ヘタルトヤ。（今昔・巻28–37)
　〔今は昔、東国の者がそれと知らずに、花山院の御門の前を、馬に乗ったまま通った。院の中から…引き入れた。…男は…逃げ去った。院の下男どもはどうして追いつけようか。ついに行方もわからずいなくなった。院は、「こいつは大した曲者だな」と仰せられて、格別腹も立てられなかったので、彼を探すこともなく終わった。男の、「馬を馳せて逃げよう」と思った心は、はなはだ肝が太いが、逃げたので、お粗末なお笑い種で終わった、**と語り伝えているとか。**〕

　(16)のように、『今昔物語集』の説話では、「けり」終止文を説話の冒頭と末尾に用いて、展開部には「けり」終止文を用いない例が多い。そして、「今は昔」と「けり」終止の冒頭文に始まり、「となむ語り伝へたるとや」で、この説話が終わる。

3.2　テクストと文のタイプ

　テクストを見ていく際には、地の文と会話文、さらに、登場人物の心中のことばである心内文との区別や配置が注意される。丁寧語の「侍り」が、地の文には用いられず、会話文でのみ用いられるのも、大きな相違点である。係り結びの使用傾向も、地の文と会話文とでは相違し、地の文では係助詞

「ぞ」が多用されるのに対して、会話文では係助詞「なむ」や「こそ」が多用される。

　また、地の文で語り手の視点からの説明が続く中に、助詞「と」や「など」で引用する形で、会話文や心内文が配置されている。ただし、「文体の融合」という現象があり、地の文と会話文・心内文との区分が明らかでない場合もある。

(17)　上達部、上人などもあいなく目を側めつつ、**いとまばゆき人の御おぼえなり**。唐土にも、かかる事の起こりにこそ、世も乱れあしかりけれと、やうやう、天の下にも、（源氏・桐壺）
　　　〔上達部、殿上人なども困ったことと目をそむけそむけし、**非常に正視にたえない御寵愛ぶりである**。中国でも、このようなことが始まりで、世の中も乱れ不都合なことになったと、次第に、世間でも、〕

　(17)では、「いとまばゆき人の御おぼえなり」が問題で、この部分は地の文としても、貴族たちの心中を示す心内文としても理解可能である。

4. 接続詞

　古代語では接続詞が発達段階にあり、現代語の接続詞とは性質が異なっていた。接続詞の用例では、指示詞から転用されたものが最も多い（→第13章「研究テーマ」）。「また」などの副詞が接続詞として用いられたものや、他の品詞から転用されたものも見られる。

(18)　…をみなへし**また**藤袴朝顔が花（万葉・1538）
　　　〔…おみなえし**また**藤袴や朝顔の花〕
(19)　みづからは、幼くより、人に異なる様にて、ことごとしく生ひ出でて、今の世のおぼえありさま、来し方にたぐひ少なくなむありける。**されど、また**、世にすぐれて悲しき目を見る方も、人にはまさりけり

かし。(源氏・若菜下)

〔自分自身は、幼いころから人とは異なった状況で仰々しく生まれ出て、今の世の中での評価やあり様は、今までに例の少ないものだった。**しかし、また、**世間でも格別に悲しい目を見ることでも、人にはまさっていた。〕

(20) 力を尽くしたること、少なからず。**しかるに、**禄いまだ賜はらず。

(竹取・蓬莱の玉の枝)

〔力を尽くしたことは、少なくない。**であるのに、**禄はいまだ賜っていない。〕

　(18)の「また」は語の連接、(19)の動詞「さり」＋逆接の接続助詞「ど」の「されど」と「また」は文の連接を担うものである。(20)の「しかるに」は、動詞「しかり」から転用された漢文訓読系の語である。「しかり」系以外でも、「および」等の接続詞は、漢文訓読の用語からきており、接続詞の用法自体が漢文訓読の文章から発展した可能性がある。

■史的変遷のポイント

　談話については、資料の変遷がポイントになる。談話資料として、より口語的な資料が現れる中世後期以降が注目される。狂言やキリシタン資料などの会話文は、口語資料としてだけでなく、当時の談話資料という面でも重要である(→資料解説)。

　テクストについては、平安時代の物語や説話作品での助動詞「けり」による「額縁構造」が一つの指標となるものである。接続詞の使用数の増加や指示詞の用法の拡充にも注目する必要がある。

　接続詞が現代語と同様に、文と文との論理関係を示すようになるのは、室町時代以降である。

(ⅰ)　大きに嘲つたれば、**それから**尾をすべて、去った。

(エソポ・驢馬と狐の事)

〔大いにののしったので、**それから**尻尾を丸めて、去った。〕

（ⅱ）　さても、うたてかりし、多聞の御つげかな。**しかしながら**、かの人を、わが迎へずは、姫の命のがれがたし。（御伽草子・ささやき竹）

〔それにしても、困った多聞天のお告げだな。**しかしながら**、あの人を私が迎えなければ、姫の命は死をまぬがれない。〕

■研究テーマ

1）終助詞

　第2節では終助詞「かし」「な」の例を挙げたが、同じく**聞き手めあて**で用いられる終助詞「よ」については用法が多様である。

（ⅰ）　【人名＋よ】
　　少納言よ、香炉峰の雪いかならむ。（枕・雪のいと高う降りたるを）
　　〔清少納言よ、香炉峰の雪はどうであろうか。〕

（ⅱ）　【名詞述語＋よ】
　　按察使の大納言と聞こゆるは…亡せたまひにし衛門の督のさしつぎよ、（源氏・紅梅）
　　〔…と申しあげる方は…お亡くなりになった右衛門の督の弟君よ、〕

（ⅲ）　【動詞述語・連体形＋よ】
　　額づき虫、またあはれなり。さる心地に道心おこして、つきありくらむよ。（枕・虫は）
　　〔コメツキ虫は、…お辞儀をして回るのだろうよ。〕

（ⅳ）　【動詞述語・命令形＋よ】
　　忘れで待ちたまへよ。（源氏・空蟬）
　　〔忘れずお待ちなってくださいよ。〕

　（ⅰ）は人への呼びかけの例、（ⅱ）は名詞文の名詞述語に「よ」の付いた例で、終助詞「よ」で現代語訳すると特殊なニュアンスの表現となる。（ⅲ）（ⅳ）は、〈念押し的な確認〉なのか、〈呼びかけ〉なのか曖昧である。

終助詞「や」も、終助詞「よ」と同様に曖昧な点が多い。

（ⅴ）　朝臣(あそむ)や、御休み所もとめよ。（源氏・藤裏葉）
　　　〔朝臣や、…〕
（ⅵ）　あな、かひなのわざや。（竹取・燕の子安貝）
　　　〔ああ、甲斐のないことだ。〕
（ⅶ）　いと寒しや。（源氏・夕顔）
　　　〔とても寒いな。〕

　（ⅴ）は人への呼びかけ、（ⅵ）は名詞述語、（ⅶ）は形容詞述語に「や」の接続したものである。

2）テンス・アスペクトとテクスト

　近年、テクストにおけるテンス・アスペクトの機能の見直しが、藤井（2003）、井島（2011）などによって進められている。物語での語りの部分と登場人物の会話の部分とでは、「―き」「―けり」などテンス・アスペクト形の機能に明らかな違いがある。その相違点が語り手の「視点」の自在性や物語内部での時間の捉え方などの面から解明されつつある。

3）連接構文

　小松（1997）で提唱された**連接構文**の考え方は、「中古での平仮名で書かれたテクストを句読点で切り分けるのは間違いであり、付かず離れずで節や文が連なる」とするものである。

（ⅷ）　ゆく先**おほく**、夜もふけにければ、鬼ある所ともしらで、神さへいといみじう**鳴り**、雨もいたう**降りければ**、あばらなる倉に、女をば奥に**おし入れて**、男、弓、やなぐひを**負ひて**、戸口にをり。（伊勢・6段）
　　　〔行く先**遠路**で、夜も**更けた**ので、鬼がいるところとも**知らない**で、雷まではなはだしく**鳴り**、雨もひどく**降った**ので、荒れ果てた蔵に女をば奥に押し入

れ、男は、弓やなぐいを**背負**って、戸口に座っている。〕

　(ⅷ)では、「行く先多く」以下、副詞節が七つ連続して使用されている。このような構文は、節相互の論理的関係の明示というよりも、節の連続性を維持することに主眼を置くものである。近藤（2005）は、副詞節が連続する構文形態に着目し、それらの副詞節がどのように関係し合うのかを検討する。今後、このような視点からの研究が必要である。
　また、以下に挙げる接続助詞「に」（順接）や「を」（逆接）も、節の連続性を担っている。これらの例は現代語に訳しにくいものである。

(ⅸ)　あるいは笛を吹き、あるいは歌をうたひ、あるいは声歌をし、あるいはうそを吹き、扇をならしなどする**に**、翁、いでて、

（竹取・石作りの皇子）

　　〔…扇をならしなどする**と**、翁が、出てきて、〕

(ⅹ)　父はこと人にあはせむといひける**を**、母なむあてなる人に心つけたりける。（伊勢・10段）

　　〔父は「他の人と結婚させよう」と言った**が**、母は「高貴な人に」と決心していた。〕

参考文献
井島正博（2011）『中古語過去・完了表現の研究』ひつじ書房
小松英雄（1997）『仮名文の構文原理』笠間書院（増補版 2003）
近藤泰弘（2005）「平安時代語の副詞節の節連鎖構造について」『国語と国文学』82–11
阪倉篤義（1975）『文章と表現』角川書店
鈴木泰（2009）『古代日本語時間表現の形態論的研究』ひつじ書房
塚原鉄雄（1971）『王朝の文学と方法』風間書房
塚原鉄雄（1987）『王朝初期の散文構成』笠間書院
藤井俊博（2003）『今昔物語集の表現形成』和泉書院
藤井俊博（2016）『院政鎌倉期説話の文章文体研究』和泉書院
森野崇（1990）「古代日本語の終助詞「な」について」『秋草学園短期大学紀要』7
森野崇（1992）「終助詞「かし」の機能」『辻村敏樹教授古稀記念 日本語史の諸問題』明治書院

第15章
文法史と方言

　文法史について考えるとき、方言との関係はきわめて重要です。この章では、「ある」「いる」「おる」といった存在表現、「やる」「くれる」などの授受表現を取り上げ、文法史と方言との接点を探っていきます。また、言語変化の理論として注目される「文法化」についても解説します。

基本例
a. 今は昔、竹取の翁といふ者**あり**けり。（竹取・かぐや姫の生ひ立ち）
　〔今となっては昔のことだが、竹取の翁という者がいた。〕
b. そのころ清盛は福原の別業に**ゐ**られたが、（天草平家・巻1）
　〔その頃、平清盛は福原の別荘にいらっしゃったが、〕
c. さ、是を**やる**程に、そちから酒をおこせよ。（虎明狂言・樋之酒）
　〔さあ、これをやるから、あなたは酒をよこしなさいよ。〕
d. 孫どもがおれに薬を**くれ**て、（虎明狂言・薬水）
　〔孫たちが私に薬をくれて、〕

KEYWORDS：存在表現、授受表現、文法化

1. 存在表現

1.1　文献から見る歴史

　古典語において、有情物・非情物にかかわりなく、存在を表す基本的な動詞は「あり」であった。

（1）　今は昔、竹取の翁といふ者**あり**けり。（竹取・かぐや姫の生ひ立ち）
　　　〔今となっては昔のことだが、竹取の翁という者がいた。〕
（2）　紀伊守の妹も<u>こなた</u>に**ある**か、我にかいま見せさせよ。（源氏・空蟬）
　　　〔紀伊守の妹もこちらにいるのか、私にのぞき見させろ。〕
（3）　残りなく散るぞめでたき桜花**あり**て世の中はての憂ければ（古今・71）
　　　〔桜の花は残ることなくさっぱりと散るところが見事なのだ、いつまでも**残**っていても最後はつらくいとわしいものなのだから〕

　（1）（2）は「竹取の翁といふ者」「紀伊守の妹」という有情物主語の例、（3）は「桜花」という非情物主語の例であるが、いずれも「あり」が用いられている。場所名詞句を必須とする（2）のようなものを**空間的存在文**、場所名詞句を必ずしも要しない（1）のようなものを**限量的存在文**と呼び、区別しておく（→金水 2006）。
　有情物の存在を表す場合、上代には「をり」という動詞もあった。

（4）　あしひきの山辺に**居**りて秋風の日に異に吹けば（万葉・1632）
　　　〔山のふもとにいて、秋風が日ましに吹くようになると〕

この頃の「ゐる」は、「立つ」の対義語として、動作性の動詞であった。

（5）　立ちても**居**ても君をしぞ思ふ（万葉・2294）
　　　〔立っても座ってもあなたのことを思います〕

　しかしながら、中古以降「をり」は次第に用いられなくなり、一方の「ゐる」は「ゐたり」の形から状態性を獲得し、勢力を強めていった。

（6）　何ともなくうたてありしかば、久しう里に**ゐたり**。
　　　　　　　　　　　　　　　　　　　　　（枕・殿などのおはしまさで後）
　　　〔何ということもなく、いやな気分だったので、長い間里にじっとしていた。〕

そして中世後期頃から、「あり」の領域に「いる(ゐる)」が侵食してきた。

（7）　そのころ清盛は福原の別業にゐられたが、（天草平家・巻1）
　　　〔その頃、平清盛は福原の別荘にいらっしゃったが、〕

　(7)には「福原の別業に」という場所名詞句が示されるように、「いる」の伸長は、このような空間的存在文から始まった。そして次第に、有情物を表す場合はすべて「いる」が用いられるようになり、「有情物—いる」「非情物—ある」という対応関係ができあがった。

1.2　方言との関係

　現在方言の分布は、東日本「いる」、西日本「おる」という典型的な**東西対立**である。前節で見たように、中古以降「をり」は文献上にほとんど姿を見せなくなっており、このことを考慮すると、西日本諸方言の「おる」は上代の様相の延長上にあることになる(後述)。
　この他、奥羽地方では「いた」という形式が用いられる(→ LAJ・53 図)。「ゐたり→いる」と変化したのが標準語であったのに対し、「ゐたり→いた」のように、「たり」の活用語尾が脱落した「た」の形に留まっているのが、この方言形式である。また、京阪地方では「いてる」が用いられるが、これは「たり」を「ている」に置き換えたものである。
　京阪方言における「おる」は、軽い卑罵（ひば）のニュアンスを帯びている。文献上においては、中世末期の資料にそのような例が認められる。

（8）　蝿めはどこに**おる**ぞと言へば、（エソポ・蝿と獅子王の事）

このような「おる」については、中古の文献に見られる次のような「をり」の例と連続的に捉える見方もある(→金水 2006 など)。

(9) 乞食どもの坏、鍋など据ゑて<ruby>を<rt>す</rt></ruby>るもいとかなし。(蜻蛉・上)
〔物乞いどもが食器や鍋などを地面に据えて**座っている**のも大変あわれである。〕

　ここであらためて京阪方言の卑語的「おる」を見てみると、(10)に示すように、その分布には2通りあることが分かる(→井上 1998)。本動詞「おる」、補助動詞「—とる」に軽いマイナス待遇が含まれる場合(= A)と、そうでない場合(= B)である(補助動詞「〜よる」は、いずれの場合も卑罵語)。

(10)

		存在	アスペクト	マイナス待遇
A		いる・いてる	—てる	
		おる	—とる	—よる
B		おる	—とる	—よる

(Aは大阪府北部・京都府南部・兵庫県・奈良県北部・滋賀県などの関西中央部。Bは三重県中部・京都府丹波地方)

　A・Bに共通しているのは、卑語化した形式に対し待遇的に中立的な文法形式が存在する、という点である。補助動詞「—よる」は、本来はアスペクト形式であったが、完全に文法体系から追い出されたため卑語化している(→青木 2010)。Aにおける本動詞「おる」と補助動詞「—とる」も、標準語と同じ「いる」系の形式が使用されることで主要な文法形式から外れることとなったために、軽いマイナス待遇の意味が生じている。

　さて、標準語の「いる」が存在動詞として確立するのは中世後期頃であり、「—ている」がアスペクト形式として発達するのは、中世末〜近世初期頃である。

(11) 親子三人、念仏していたところに、竹の<ruby>編戸<rt>あみど</rt></ruby>をほとほととうちたたく音がした。(天草平家・巻2)

　したがって、「おる」および「—とる」の卑語化は、この「いる」の成立以

降のことと見られる。中世後期の抄物資料には、卑語化していない「おる」が数多く用いられているからである。

(12)　天子ハ南面シテ**オレ**バ、諸侯ガ北面シテ朝スル也。

(中華若木詩抄・巻中)

〔天子は南に面して臣下と対面するので、諸侯が北に面して拝謁するのです。〕

2. 授受表現

　現代標準語における授受動詞「やる」「くれる」「もらう」は、次のような分布を示し、体系を形成している。

(13)　私が太郎に本を　　やった／＊くれた／もらった。
(14)　太郎が私に本を　＊やった／くれた／＊もらった。

　「やる」「くれる」は与え手が主格に立つ表現、「もらう」は受け手が主格に立つ表現である。さらに、「やる」は話し手から他者（＝遠心的方向）への授与、「くれる」「もらう」は他者から話し手（＝求心的方向）への授与に用いられる。このような話し手を中心とする視点に関する制約は、補助動詞用法においても同じように見られる。

(15)　私が太郎に本を読んで　　やった／＊くれた／もらった。
(16)　太郎が私に本を読んで　＊やった／くれた／＊もらった。

　授受動詞には、この他「あげる」「さしあげる」「くださる」「いただく」があり、これらは「やる」「くれる」「もらう」の待遇形として存在している。ここでは授受動詞「やる」「くれる」について取り上げることとする。

2.1　文献から見る歴史

　古典語における「やる」「くれる（くる）」は、現代語のような視点制約を持たなかった（→古川 1995）。まず、中古の「くる」は、求心的方向の授与のみでなく、次の例のように遠心的方向の授与も表した。

(17)　この長櫃(ながびつ)の物は、みな人、童までに**くれ**たれば、（土佐・1月7日）
　　　〔この長櫃の中身の物は、すべての人、童のはてにまで**与え**たので、〕

中世にかけてはこのような例が散見するものの、次第に減少していき、中世末期頃に求心的方向の用法が確立したと見られる。(18)は遠心的方向の例、(19)は求心的方向の例である。

(18)　頼朝や木曾に一味したならば、国をあづけう、郡を**くれ**うなどと言ふ。（天草平家・巻3）
　　　〔頼朝や木曾に味方してくれたなら、国を預けてやろう、郡を**与え**てやろうなどと言う。〕
(19)　孫どもがおれに薬を**くれ**て、若うなひて使わうといふか。
　　　　　　　　　　　　　　　　　　　　　　　　　　（虎明狂言・薬水）
　　　〔孫たちが私に薬を**くれ**て若くして使おうというのか。〕

　一方の「やる」は、中古から中世前期に至るまで、主として「手紙を送る」「使いに行かせる」という限られた意味を表すものであった。

(20)　その後、こなたかなたより文など**やり**給ふべし。（源氏・末摘花）
　　　〔その後、君からも中将からも**手紙など**をお送りになることであろう。〕
(21)　宝を買はんために、銭五十貫を子にもたせて**やる**。（宇治・巻13–4）
　　　〔宝を買うために、銭五十貫を子に持たせて**お使いに行かせ**た。〕

中世末期に至ると、上記のような限定的な意味で用いられる用法もあるが、一般的な物のやりとりを表す用法も多く見られるようになる。

(22)　さ、是を**やる**程に、そちから酒をおこせよ。（虎明狂言・樋之酒(ひのしけ)）
　　　〔さあ、これを**やる**から、あなたは酒をよこしなさいよ。〕

以上より、視点に関して中立的であった「くれる」が、次第に求心的方向に偏っていき、空き間となった遠心的方向を「やる」が埋めていった、という過程を想定することができる。

2.2　方言との関係

授与動詞の全国分布は、「くれる／くれる」「やる／やる」のように「遠心的／求心的」の語彙的対立のない型(A)と、「やる／くれる」のように語彙的対立のある型(B)が、ほぼ(A)-(B)-(A)分布を形成している(→小林編2006)。また、(A)のうち、最も広範囲に分布するのは「くれる／くれる」であることから、「くれる／くれる」から「やる／くれる」へという、前節で想定した歴史的変遷の過程を裏付けることができる。

「くれる」が求心的用法に偏る過程については、石川県内浦方言が大きな手がかりとなる(→日高2007)。この方言では、「くれる」が遠心的用法でも使われるが、次のような用法上の特徴を有している。

(23)　①聞き手に対する直接的な授与では用いやすいが、第三者に対する授与では用いにくい。
　　　②意志文では用いやすいが、叙述文では用いにくい。
　　　③本動詞用法では用いやすいが、補助動詞用法では用いにくい。

①②は密接に関連しており、現場性が低い場合には求心的用法が使われやすいことを意味している。③は特に注目すべき点で、(24)のような本動詞用

第15章　文法史と方言　　173

法では用いられる遠心的用法が、(25)のような補助動詞用法では失われつつあるという。

(24) お孫さんに「おまえにこの本をクレル」
(25) お孫さんに「おまえにこの本をヨンデクレル」

すなわち、「くれる」の求心化は、補助動詞用法から始まったのではないかという予測が成り立つ。
　この予測は、文献から見る歴史とも符合する。「くれる」の求心的用法が確立した時期に多用されたのは、「—てくれ」という補助動詞用法の依頼表現であった（→宮地1999）。すなわち、「私ニ〜テクレ」の形が求心化（＝視点制約用法の成立）の契機となったものと見られる。

(26) 「万寿をば宗繁に預けつれば、心安く構へて、この子をもよくよく隠してくれよ。」（太平記・巻10）
　　　〔万寿を宗繁に預けたので安心だ、注意してこの子をくれぐれもよくかくまってくれよ。〕

3. 文法化

　文法化とは、それまで文法の一部ではなかった形が、歴史的変化の中で文法体系に組み込まれるプロセスをいう。したがって、自立性を持った語彙項目（名詞・動詞）が文法的要素（助詞・助動詞・補助動詞）に変化する場合が、その典型である。このとき、意味的な観点と形態・統語的観点において、次のような現象が観察される。

(27) a.　**意味の漂白化**（bleaching）：
　　　　本来の語が持っている実質的意味が弱まり、抽象化する。
　　b.　**脱範疇化**（decategorialization）：

本来の語が持っている形態的・統語的特性を失う。

　第5章に挙げられるアスペクト形式は、基本的に文法化によって生じている。「読み＋あり→読めり」、「読み＋て＋あり→読みたり」「読み＋て＋いる→読んでいる」のようなプロセスである。これらはいずれも、本章第1節で見た存在表現形式を資源としている。また、本章第2節で触れた受益形式「―てやる」「―てくれる」「―てもらう」も、本来持っていた実質的な意味が抽象化し、補助動詞として機能するようになっているため、やはり文法化を果たしている。

　この他にも、「において」「について」といった格助詞、「ところ」「あいだ」といった接続助詞、「ようだ」「はずだ」といった助動詞など、日本語における文法化の事例は数多く観察される。また、すでに示したように、方言事象から歴史研究への貢献も大いに認められるのであり、方言データを用いて文法化の研究を進めることもきわめて有意義である（→小林編 2006）。

　文法化理論の主張において重要な点は、**一方向性**（unidirectionality）の仮説と呼ばれる、変化の方向に見られる一般性である。内容語から機能語へという変化をはじめ、意味変化の過程における、抽象化、**主観化**（subjectification）といった方向の普遍性は、様々な言語事象によって支持されている。ただし、本章第2節における視点制約の機能については、「本動詞から補助動詞へ」とは異なった方向へ変化が起こる可能性に言及した。現在の文法化理論にとって重要なことは、このように様々な事象に基づき仮説を検証していくことであろう。

■研究テーマ

1）アスペクト・テンス・ムード

　述語論において、「アスペクト体系」や「ムード体系」を考えることはまず必要なことであるが、アスペクト・テンスという時間的側面とムード的側面は密接な相関性をもっている。したがって、これらの文法的カテゴリー間

の相互関係性について考えていく必要がある。方言には、標準語と異なる様々な現象が観察され、これらの文法体系を記述することで、より広い視野から相対的に捉えることが可能となる(→工藤編 2004)。

　古典語のアスペクト・テンス、あるいはモダリティに関する研究は、現代語研究の発展とともに深化してきたが、古典(中央)語は、現代(標準)語とは異なる体系を有していた可能性が大きい。現代標準語と現代諸方言のありようは、この問題を考える際にきわめて示唆的であるといえよう。

2）可能表現

　現代標準語における可能表現には、①可能動詞、②助動詞「(ら)れる」、③「できる」、④「うる・える」といった形式が存在する。これらは歴史的所産によるものであるが、方言では標準語よりも多くのバリエーションが認められ、これらも含めた歴史的変遷を記述する必要があろう。特に重要なのは、多くの方言において、動作主体の内部に存在する条件(＝能力可能「ぼくは体が弱いから長く出歩くことができない」)と、動作主体を取り巻く外部の条件(＝状況可能「その魚は汚染されているから食べることができない」)を形式的に区別する、という点である。方言で使い分けられる可能の意味について、歴史的観点から検証する必要もあるだろう(→渋谷1993、青木2010)。

3）二段活用の一段化

　二段活用の一段化は、形態論的な文法変化として重要な事象である(→第2章)。現代九州方言に二段活用が多く見られることから、関東方言において早く完了した、また九州方言の二段活用は下二段が多いことから、上二段活用の方が早く進行した、と説かれることがある。これは、中世後期のロドリゲス日本大文典に、一段活用は「ただ '関東'(Quantô)で用ゐられ(土井訳p.29)」と記されること、近世の文献では上二段の一段化率の方が高いということと符合しているように見える。

　しかし、九州方言では「見る」などの一段活用を、「見らん(否定)」のよ

うにラ行五段に活用する。つまり、一段活用を嫌う傾向があり、二段活用が古形の残存であるかどうか疑ってみる必要がある。仮に二段活用を「選択」するような意識が働いているとすると、語数の上で圧倒的に優勢な下二段の方が多く見られるのは当然ということになる。方言を歴史に援用して考察する場合は、このような方言独自の文法体系を考慮する必要もあるだろう。

4) 配慮表現

　通常の文法史研究においては、言語形式から出発するのが主である。例えば待遇表現の研究であれば、それぞれの時代にどのような形式があり、それらがどのような機能を果たしていたか、という方向である。これとは逆に、機能から出発しようとする試みが野田他編(2014)に示されている。

　「対人配慮」をキーワードに、依頼・禁止、受諾・拒否、感謝・謝罪といった表現の枠組みからアプローチしている。歴史的研究の場合、文献資料に記された言語は当時の言語の断片であるため、そこに記されていない形式についての不在証明はできない。また、一部のコミュニティの反映にすぎないということもあり、当時の表現体系を再構するのは非常に困難である。

　しかし、ここでも有用なのが、現在の方言データに基づいた記述である。地域的な多様性を観察する中からある種の一般性を見て取り、そこから構築される表現体系は参照すべきものが多い。文法史研究は、このような社会言語学やコミュニケーション論などとの接点をも探ることで、さらなる発展の可能性が広がっていくだろう。

参考文献
青木博史（2010）『語形成から見た日本語文法史』ひつじ書房
井上文子（1998）『日本語方言アスペクトの動態—存在型表現形式に焦点をあてて—』秋山書店
奥村三雄（1990）『方言国語史研究』東京堂出版
金水敏（2006）『日本語存在表現の歴史』ひつじ書房
工藤真由美編（2004）『日本語のアスペクト・テンス・ムード体系—標準語研究を超えて—』ひつじ書房

古川俊雄（1995）「授受動詞「くれる」「やる」の史的研究」『広島大学教育学部紀要』2–44
小林隆（2004）『方言学的日本語史の方法』ひつじ書房
小林隆編（2006）『シリーズ方言学2　方言の文法』岩波書店
迫野虔徳（1998）『文献方言史研究』清文堂出版
定延利之編（2014）『日本語学と通言語学的研究との対話―テンス・アスペクト・ムード研究を通して』くろしお出版
渋谷勝己（1993）「日本語可能表現の諸相と発展」『大阪大学文学部紀要』33–1
田窪行則・ジョンホイットマン・平子達也編（2016）『琉球諸語と古代日本語―日琉祖語の再建にむけて』くろしお出版
沼田善子・野田尚史編（2003）『日本語のとりたて―現代語と歴史的変化・地理的変異―』くろしお出版
野田尚史・高山善行・小林隆編（2014）『日本語の配慮表現の多様性―歴史的変化と地理的・社会的変異―』くろしお出版
日高水穂（2007）『授与動詞の対照方言学的研究』ひつじ書房
宮地裕（1999）『敬語・慣用句表現論―現代語の文法と表現の研究（2）―』明治書院
森勇太（2016）『発話行為から見た日本語授受表現の歴史的研究』ひつじ書房

資料解説

　言語の歴史を再構するには、過去の言語資料を用いる必要があります。様々な言語資料の中から、文法史を考えるにあたってどのような資料を用いたらよいか、上代から近現代まで時代を追って解説します。

○上代

　上代における文献は、いずれも漢字で記されています。古記録と呼ばれる日記、史書である『日本書紀』など、漢文＝中国語で記されることが普通でした。しかし、次第に漢字と日本語の間に対応を見出し、漢文を**訓読**することが行われるようになりました。そこから、漢文そのものを日本語風にアレンジした和化漢文が生まれ、漢字を音仮名として用いる**万葉仮名**が生まれました。和歌資料としての『万葉集』は、万葉仮名を駆使した4,516首の歌が収められたもので、上代の言語資料として第一級の価値を有しています。特に一字一音で記された箇所は読みが確定できるため有効であり、これは『日本書紀』『古事記』の歌謡も同様です。

○中古

　中古に入ると、仮名文字の発達により、物語や随筆などの文学作品が登場します。『伊勢物語』『源氏物語』『枕草子』など、多くが宮廷貴族の女流社会を描いたものである点は注意が必要ですが、当時の言語をよく反映しています。また、『古今和歌集』『後撰和歌集』などの和歌資料も、上代と比較する際などに特に有効です。一方で、正式の文書はやはり漢文であり、漢文の訓読も盛んに行われました。その際、訓読を助ける補助記号を付したものを**訓点**と呼びます。それらの**訓点資料**は、仮名文学作品とは異なる漢字世界を

対象とするため、使用語彙は異なりますが、当時の日本語の一側面を反映しています。この他、漢字の音訓・意味を記した辞書（**古辞書**）もいくつか作られており、当時の語彙・語法を知る手がかりとなります。

○中世

　中世前期（院政鎌倉期）には、漢文と日本語文をミックスさせた和漢混淆文と呼ばれる新しいスタイルが確立します。この文体で記された『今昔物語集』『宇治拾遺物語』『古本説話集』などの**説話**、『平家物語』『平治物語』などの**軍記物語**は、生き生きとした口語が多く用いられています。仏教思想をよく反映したものという意味においても、この時代を代表する資料です。

　中世後期に至ると、三大口語資料と呼ばれる資料が現れます。『史記抄』『中華若木詩抄』『玉塵抄』などの**抄物資料**は、講義の場を再現した口語体の注釈書です。漢籍や仏典などの幅広い書物が注釈の対象とされ、博士家や五山僧といった知識階級によって作成されました。**キリシタン資料**は、キリスト教の宣教師が日本語を学習するために作ったものです。読み物としての『天草版平家物語』『エソポのハブラス』、対訳辞書である『日葡辞書』、文法書としての『ロドリゲス日本大文典』などが代表的なものです。**狂言資料**は、舞台演劇の台本で、大蔵流の『虎明本狂言集』、和泉流の『天理本狂言六義』などがあります。狂言台本の成立は近世期に入ってからですが、伝統演劇としての台詞が記されるため、室町期の言語を多く反映しています。この他、御伽草子や幸若舞の詞章なども、やや文語的ながらも室町期の言語資料として用いることができます。

○近世

　近世に入ると、様々なジャンルの作品が数多く作られるようになります。近世前期は、井原西鶴『好色一代男』などの**浮世草子**、近松門左衛門『曽根崎心中』などの**浄瑠璃**、あるいは**歌舞伎**台本などが主な資料です。これらは

いずれも上方で作られたものです。近世後期は、式亭三馬『浮世風呂』などの滑稽本、曲亭馬琴『南総里見八犬伝』などの読本が代表的な資料で、遷都後の中央語としての江戸語を反映しています。小説類は質量ともに豊かで、特に会話文などは口語をよく反映しているといえます。『醒睡笑』『聞上手』などの噺本、『遊子方言』『辰巳之園』などの洒落本も近世期の資料として用いられますが、作品ごとの位相差・文体差には注意が必要です。このように、近世期の資料は、位相差、特に上方語と江戸語の差異に注意して使用する必要がありますが、そのような方言の実態に注目した『物類称呼』などの方言辞書も参照するとよいでしょう。

この他、近世後期にオランダ語学習の場から生まれた『和蘭字彙』などの蘭学資料、ヘボン『和英語林集成』に代表される英学資料、近世末から近代にかけて作成された翻訳書や対訳辞書は、西洋語との接触を示すものとして注目されます。また、富士谷成章『あゆひ抄』に代表される、賀茂真淵・本居宣長・本居春庭などの国学者によって著された文法書は、今日的な目から見ても大いに参考にすべきものといえます。

○近現代

近代以降における資料としては、音声言語資料の登場が注目されます。20世紀初頭以降、落語のレコード録音が残されており、明治期に多く作られた速記本とともに有効に活用すべきものです。明治期以降は、小説などの文学作品が多く作られます。言文一致に大きな影響を与えた、二葉亭四迷や山田美妙を始め、夏目漱石や芥川龍之介、川端康成など、時代を反映した作家の手になる小説が数多く残されています。この他、『明六雑誌』『太陽』など、政治・科学・思想など広範囲にわたる事柄を掲載した雑誌は、文章史・文体史の資料としても有用です。また、明治期の普通語を収めた大槻文彦『言海』、上代から現代までの語を集めた松井簡治『大日本国語辞典』などの大型辞書が刊行され、現在の日本語辞書にも大きな影響を与えています。

以上、上代から近現代に至る言語資料について解説してきましたが、個々

の資料の詳しい情報については、『日本語学研究事典』（明治書院）が便利です。時代毎にまとめてありますので、ここで触れられていない具体的な資料として他にどのようなものがあるかを見るのにもよいでしょう。

◯コーパスの利用

　最後に、コーパスについて触れておきます。コーパスとは、コンピュータによる処理を前提とした大規模な電子テキストの集合のことです。文法史研究は、必ず何らかの過去の資料のデータに基づいて行われるので、コーパス言語学の手法を身につけるに越したことはありません。

　現在、テキストデータの形で公開される歴史コーパスとしては、「岩波日本古典文学大系」「新編国歌大観」、「平安遺文」「鎌倉遺文」、近世の「噺本大系」、近現代の「新潮文庫の100冊」「青空文庫」などがあります。

　一方で、国立国語研究所が開発を進めている『日本語歴史コーパス』は、品詞や活用形などの単語の情報を付与した、形態論情報付きテキストです。検索ツール「中納言」を利用して、文字列検索では不可能だった様々な検索を可能にしています。2024年4月現在、次ページの表にまとめたようなコーパスが公開されています（https://chunagon.ninjal.ac.jp/）。

　これらのコーパスをどのように活用していくかが重要ですが、『日本語学』22-5（2003年）や『日本語科学』22（2007年）、『日本語学』33-14（2014年）に「コーパス言語学」の特集が組まれています。また、概説書・入門書として『コーパスで学ぶ日本語学　日本語の歴史』（朝倉書店、田中牧郎編、2020年）、『「中納言」を活用したコーパス日本語研究入門』（ひつじ書房、中俣尚己、2021年）、専門書として『講座日本語コーパス』（朝倉書店、2013〜2019年、全8冊）や『コーパスと日本語史研究』（ひつじ書房、近藤泰弘ほか編、2015年）、『コーパスによる日本語史研究』（ひつじ書房、小木曽智信ほか編、2021〜2023年、既刊3冊）などが刊行されていますので、これらを参照するとよいでしょう。

	作品・資料	語数（短単位）
奈良時代編	万葉集、宣命、祝詞	約 13.1 万語
平安時代編Ⅰ 仮名文学	竹取物語、伊勢物語、土佐日記、大和物語、枕草子、源氏物語、和泉式部日記、大鏡、他	約 101.3 万語
平安時代編Ⅱ 訓点資料	西大寺本『金光明最勝王経』平安初期点・巻一	約 1.0 万語
鎌倉時代編Ⅰ 説話・随筆	今昔物語集（本朝部）、宇治拾遺物語、十訓抄、方丈記、徒然草	約 84.4 万語
鎌倉時代編Ⅱ 日記・紀行	海道記、建礼門院右京大夫集、東関紀行、十六夜日記、とはずがたり	約 12.8 万語
鎌倉時代編Ⅲ 軍記	保元物語、平治物語、平家物語	約 33.1 万語
和歌集編	八代集	約 27.4 万語
室町時代編Ⅰ 狂言	虎明本狂言集	約 27.7 万語
室町時代編Ⅱ キリシタン資料	天草版平家物語、天草版伊曽保物語、天草版金句集	約 13.8 万語
江戸時代編Ⅰ 洒落本	聖遊郭、月下余情、南遊記、風流裸人形、昇平楽、郭中奇譚、総籬、他	約 21.8 万語
江戸時代編Ⅱ 人情本	比翼連理花酒志満台、春色梅児与美、浮世新形恋の花染、春色連理の梅、他	約 41.2 万語
江戸時代編Ⅲ 近松浄瑠璃	曽根崎心中、五十年忌歌念仏、冥途の飛脚、心中天の網島、女殺油地獄、他	約 25.5 万語
江戸時代編Ⅳ 随筆・紀行	野ざらし紀行、更級紀行、笈の小文、嵯峨日記、奥の細道、折りたく柴の記、他	約 12.8 万語
明治・大正編Ⅰ 雑誌	明六雑誌、東洋学芸雑誌、国民之友、太陽、女学雑誌、女学世界、婦人倶楽部	約 1418 万語
明治・大正編Ⅱ 教科書	小学校（第1期1904年～第6期1947年）、高等小学校（第1期1904年）、ハワイ日本語教科書	約 95.2 万語
明治・大正編Ⅲ 明治初期口語資料	交易問答、安愚楽鍋、文明開化、百一新論、明治の光、民権自由論、他	約 21.1 万語
明治・大正編Ⅳ 近代小説	浮雲、舞姫、たけくらべ、吾輩は猫である、暗夜行路、伊豆の踊子、他	約 77.9 万語
明治・大正編Ⅴ 新聞	読売新聞（1875、1881、1887、1895、1901、1909、1917、1925年）	約 40.7 万語
明治・大正編Ⅵ 落語SP盤	東京76作品（落語家13人）、大阪51作品（落語家10人）	約 10.4 万語

用例収集法

　文法史について理解を深めようとするとき、実際に古典語の用例を収集することが必要になる場合があります。以下では、用例収集の方法について説明します。

1）用例収集の目的
　古典語で用例収集を行う目的としては様々なものがあるでしょう。
（例）・授業の発表資料、レポートを作成したい。
　　　・現代語文法について考えるとき、古典語を参考にしたい。
　　　・古典語について研究したい（卒業論文など）。
　用例収集の対象は、語、句、構文、文タイプなど、いろいろなケースが考えられます。ここでは、助動詞「けり」の用例を収集する場合を例に、実際の作業手順に沿って説明していきます。

2）時代・資料の選択
　まず、どの時代の用例を調べるかを決めます。ここでは、中古について調べることにします。次に、どの資料を使って用例を探すかです。それぞれの時代には、用例収集に利用できる文献資料があります（→「資料解説」）。ここでは、中古語の資料として代表的な『源氏物語』で用例を探すことにしましょう。本文を読んでいくときには、注釈書を使うのが便利です。『源氏物語』の場合は、下記のようなものがあります。
　・「新編日本古典文学全集」小学館
　・「新日本古典文学大系」岩波書店
　・「新潮古典集成」新潮社
上記の注釈書シリーズには、上代から近世までの主要な古典文学作品が収められています。本文には注や現代語訳（部分訳を含む）が付されており、理解

を助けてくれます。ただし、注釈書の記述は鵜呑みにせず、参考程度にとどめておくのがよいでしょう。

3) 用例検索の方法
　用例検索には次のような方法を用います。
ア) 単純読み取り
　　古文の文章を最初から読んでいき、「けり」の出現箇所を探します。時間と労力はかかりますが、文脈情報が得られますし、読解力をつける上では最も優れた方法といえます。
イ) 語彙索引の利用
　　主要な古典作品には「語彙索引」が刊行されています。『源氏物語』の場合、下記の索引があります。
　　　・『源氏物語語彙用例総索引』勉誠社
　　索引を使用すると、注釈書本文の場所を探すことができますし、作品における用例数も知ることができます。ただし、個々の用例については、当該箇所の場面・文脈を読み込んでいく必要があります。索引だけで用例を集め、実際の用例に当たらないのは正しい態度ではありません。
ウ) パソコンの利用
　　パソコンを利用して検索する方法は二つあります。
　　①デジタルデータの利用
　　　市販の CD–ROM によるデータを用いて検索します。(統計数理研究所　村上研究室編『源氏物語本文研究データベース』など)
　　②インターネットの利用
　　　用例検索サービスを行っているホームページを利用する方法です。なお、用例の検索・収集には、国立国語研究所の「日本語歴史コーパス」が便利です(→ 182 頁)。

4）用例の記録・管理

　検索した用例は、データとして記録しておきます。本文を手で書き写す場合は、ノートよりもカードの方が分類・整理に便利です。罫線入りのカード用紙は、市販のものがあります。カードはファイルして保管します。なお、それぞれの用例には、作品名、注釈書の巻数、頁数（歌の場合は、歌番号）といった情報を書き込んでおきます。必要によっては、地の文、会話文などの文タイプも記しておきます。

【記入例】『源氏物語』日本古典文学全集・第1巻93頁・地の文の場合

いづれの御時にか、女御更衣あまたさぶらひたまひける中に、いとやむごとなき際にはあらぬが、すぐれて時めきたまふありけり。　　　　　　　　（源氏・全1-93・地）

　用例をワープロソフトで入力しておくと、統計処理を施したり、プリントアウトして用例集を作成したりすることができます。また、「データを添付ファイルでメール送信する」「USBメモリーで持ち歩く」といった利用もできます。

　以上、ア）～ウ）から、目的・時間・力量に応じて最適な方法を選んでください。それらを組み合わせても構いません。たとえば、助詞・助動詞を調査する際、大量の用例を収集することになる可能性があります。その場合には、まず、ウ）によって作業の見通しを立てておき、次にア）、イ）を用いると効率的です。

5）用例を集め終わったら

　用例収集が終わりました。次の段階として、それらの用例を分類・整理していくことになります。文法史研究では用例を集めること自体が目的ではなく、それらをデータとしてどう活用するかが重要です。本書の各章で紹介した先行研究の分析方法を参考にするなど、データの分析力を磨いてください。

文献ガイド

　ここでは、各章の参考文献で取り上げていない、辞典・事典、講座・論集、雑誌、テキスト等を紹介します。

●辞典・事典類

『日本国語大辞典(第二版)』小学館
　……現行最大の国語辞典(全13冊)。現代語・古典語を扱っている。第二版で語誌情報が追加された。文献上の初出例をできるだけ掲載するようにしている。

『時代別国語大辞典 上代編』『時代別国語大辞典 室町時代編』三省堂
　……時代を限定して質の高い意味記述が行われている。特に室町時代編(全5冊)は圧巻。

『角川古語大辞典』角川書店、『古語大辞典』小学館
　……角川は5冊本で品切れ中。小学館は1冊本で手元に置いておくのにおすすめ。

『古語大鑑』東京大学出版会
　……既刊2冊。古代語(上代から南北朝時代)を対象としたもの。文献上の最古の用例を探索しており、語釈、語源の解説が充実している。

『日本語文法事典』大修館書店
　……1つの事項について、立脚点の異なる複数の研究者が執筆している項目がある点が特徴的。研究の最前線の情報が示される。

『日本語学大辞典』東京堂出版
　……日本語学会の総力を結集した、「中項目」主義に則った大型辞典。日本語学の各分野と関連諸領域における最先端の研究成果が反映されている。

『日本語大事典(上・下)』朝倉書店
　……全項目に英文が付されるなど、グローバルな視点が取り入れられている。日本語学・言語学に関わる主要事項、約3500項目が立項される。
『日本語学研究事典』明治書院
　……日本語学の専門用語、資料などを調べるのに便利。
『日本語文法大辞典』明治書院
　……日本語文法関係の総合的辞典。付録も充実している。
『日本語百科大事典』大修館書店
　……日本語学の分野別に詳しい解説がある。
『日本文法事典』有精堂出版
　……用語解説が充実しており、付録の文献ガイドも便利。
『国語学大辞典』東京堂出版
　……用語解説が詳しいが、やや古くなってきている。
『言語学大辞典』三省堂
　……全7冊。「第6巻 術語編」に文法用語の解説があって便利。
『実例詳解　古典文法総覧』和泉書院
　……小田勝氏の手になる古典語の参照文法書。一般的な用語を用いながら文法範疇別に記述されており、通言語的な観点からその詳細を知ることができる。

●講座・論集

『日本語文法史研究』ひつじ書房(2013年〜、既刊6冊。隔年刊行)
『講座日本語コーパス』朝倉書店(2013〜2019年、全8冊)
『品詞別学校文法講座』明治書院(2013〜2016年、全8冊)
『講座ITと日本語研究』明治書院(2011〜2012年、全8冊)
『ひつじ意味論講座』ひつじ書房(2010〜2015年、全7冊)
『シリーズ日本語史』岩波書店(2008〜2015年、全4冊)
『朝倉日本語講座』朝倉書店(2002〜2005年、全10冊)

『シリーズ言語科学』東京大学出版会(2002 年、全 5 冊)
『岩波講座　言語の科学』岩波書店(1997 〜 1999 年、全 11 冊)
『講座日本語と日本語教育』明治書院(1989 〜 1991 年、全 16 冊)
『国文法講座』明治書院(1987 年、全 10 冊)
『国語学叢書』東京堂出版(1985 〜 1987 年、既刊 10 冊)
『研究資料日本文法』明治書院(1983 年、全 10 冊)
『講座日本語学』明治書院(1981 〜 1983 年、全 13 冊)
『日本語の世界』中央公論社(1980 〜 1985 年、全 16 冊)
『講座国語史』大修館書店(1971 〜 1982 年、全 6 冊)
『岩波講座 日本語』岩波書店(1976 〜 1977 年、全 10 冊)
『品詞別日本文法講座』明治書院(1972 〜 1973 年、全 10 冊)
『日本語の歴史』平凡社(1964 〜 1966 年、全 8 冊。2006 〜 2008 年に文庫化)
『論集日本語研究』有精堂出版(1978 〜 1986 年、既刊 9 冊)
『日本の言語学』大修館書店(1979 〜 1985 年、全 8 冊)

●雑誌

『日本語学』明治書院
　　……日本語を対象とした月刊（2020 年 39 巻 1 号より季刊）の総合雑誌。臨時増刊号も要チェック。
『月刊言語』大修館書店
　　……言語に関する様々な情報を提供する月刊誌。2009 年 12 月号をもって休刊。
『国文学解釈と鑑賞』至文堂、『国文学解釈と教材の研究』学燈社
　　……文学が主体だが、文法関係の特集号を含む。『解釈と鑑賞』は 2011 年 10 月号、『解釈と教材の研究』は 2009 年 7 月号をもって休刊。
『日本語文法』くろしお出版
　　……日本語文法学会の機関誌。上級者向け。
『日本語の研究』武蔵野書院

……日本語学会の機関誌。前身は『国語学』(国語学会)。上級者向け。
※『国語と国文学』(東京大学)、『国語国文』(京都大学)などの学会誌、主として大学教員が論文を掲載する紀要(各大学が刊行)もある。これらの日本語学関係の雑誌論文のコピーを年度別に分野ごとに集成した『日本語学論説資料』(旧題『国語学論説資料』、論説資料保存会)も活用するとよい。

　論文の検索にあたっては、国立情報学研究所のCiNii(http://ci.nii.ac.jp/)、国立国語研究所の日本語研究・日本語教育文献データベース(http://www.ninjal.ac.jp/database/bunken/)、国文学研究資料館の国文学論文目録データベース(http://base1.nijl.ac.jp/~rombun/)などを利用するとよい。

●テキスト

大木一夫編(2019)『ガイドブック日本語史調査法』ひつじ書房
衣畑智秀編(2019)『基礎日本語学』ひつじ書房
河内昭浩編(2019)『新しい古典・言語文化の授業』朝倉書店
小田勝(2018)『読解のための古典文法教室』和泉書院
岡﨑友子・森勇太(2016)『ワークブック　日本語の歴史』くろしお出版
高田博行・渋谷勝己・家入葉子編(2015)『歴史社会言語学入門』大修館書店
金水敏・高田博行・椎名美智編(2014)『歴史語用論入門』大修館書店
大木一夫(2013)『ガイドブック日本語史』ひつじ書房
木田章義編(2013)『国語史を学ぶ人のために』世界思想社
鈴木泰(2012)『語形対照　古典日本語の時間表現』笠間書院
沖森卓也編(2012)『古典文法の基礎』朝倉書店
沖森卓也(2010)『はじめて読む日本語の歴史』ベレ出版
沖森卓也編(2010)『日本語史概説』朝倉書店
小田勝(2007)『古代日本語文法』おうふう
秋本守英編(2006)『資料と解説　日本文章表現史』和泉書院
近藤泰弘他(2005)『新訂 日本語の歴史』放送大学教育振興会
小林賢次他(2005)『日本語史探究法』朝倉書店

山口堯二 (2005)『日本語学入門―しくみと成り立ち』昭和堂
小野正弘他(2002)『ケーススタディ　日本語の歴史』おうふう
中村幸弘・碁石雅利(2000)『古典語の構文』おうふう
真田信治編(1999)『よくわかる日本史』アルク
馬渕和夫・出雲朝子(1999)『国語学史』笠間書院
青葉ことばの会編(1998)『日本語研究法【古代語編】』おうふう
山口明穂他(1997)『日本語の歴史』東京大学出版会
渡辺実(1997)『日本史史要説』岩波書店
佐藤武義編(1995)『概説日本語の歴史』朝倉書店
仁田義雄他(1993、改訂版2009)『日本語要説』ひつじ書房
沖森卓也編(1991)『資料日本語史』おうふう
沖森卓也編(1989)『日本語史』おうふう
佐伯梅友・鈴木康之監修(1988、改訂版1991、改訂新版2000)『概説・古典日本語文法』おうふう
此島正年(1978)『日本文法史概説』おうふう

●その他（一般向け）

野村剛史(2019)『日本語「標準形」の歴史』講談社
佐伯梅友(2019)『古文読解のための文法』筑摩書房
古橋信孝・鈴木泰・石井久雄(2018)『現古辞典』河出書房新社
亀井孝(2017)『概説文語文法 改訂版』筑摩書房
沖森卓也(2017)『日本語全史』筑摩書房
小松英雄 (2014)『日本語を動的にとらえる』笠間書院
北原保雄 (2014)『日本語の助動詞　二つの「なり」の物語』大修館書店
野村剛史 (2013)『日本語スタンダードの歴史』岩波書店
福島直恭 (2013)『幻想の敬語論―進歩史観的敬語史に関する批判的研究―』笠間書院
浅川哲也(2011)『知らなかった！日本語の歴史』東京書籍

野村剛史(2011)『話し言葉の日本史』吉川弘文館
山口仲美(2011)『日本語の古典』岩波書店
藤井貞和(2010)『日本語と時間』岩波書店
北原保雄(2010)『日本語の形容詞』大修館書店
柳田征司(2010 ～ 2017)『日本語の歴史 1 ～ 6、補巻(全 8 冊)』武蔵野書院
蜂矢真郷(2010)『古代語の謎を解く』大阪大学出版会
菊地康人(2010)『敬語再入門』講談社
関一雄(2009)『平安物語の動画的表現と役柄語』笠間書院
山口仲美(2006)『日本語の歴史』岩波書店
小林隆(2006)『方言が明かす日本語の歴史』岩波書店
北原保雄(2006)『日本語文法セミナー』大修館書店
山口明穂(2004)『日本語の論理』大修館書店
金水敏(2003)『ヴァーチャル日本語　役割語の謎』岩波書店
渡辺実(2001)『さすが！日本語』筑摩書房
山口明穂(2000)『日本語を考える』東京大学出版会
大野晋(1999)『日本語練習帳』岩波書店
小松英雄(1999)『日本語はなぜ変化するか』笠間書院
小林千草(1998)『ことばの歴史学』丸善
井上史雄(1998)『日本語ウォッチング』岩波書店
菊地康人(1997)『敬語』講談社
北原保雄(1996)『表現文法の方法』大修館書店
阪倉篤義(1993)『日本語表現の流れ』岩波書店

出典略称一覧

万葉	：万葉集	竹取	：竹取物語
伊勢	：伊勢物語	大和	：大和物語
落窪	：落窪物語	堤	：堤中納言物語
源氏	：源氏物語	枕	：枕草子
紫	：紫式部日記	土佐	：土佐日記
蜻蛉	：蜻蛉日記	更級	：更級日記
古今	：古今和歌集	後撰	：後撰和歌集
拾遺	：拾遺和歌集	金葉	：金葉和歌集
栄花	：栄花物語	今昔	：今昔物語集
宇治	：宇治拾遺物語	方丈	：方丈記
徒然	：徒然草	平家	：平家物語
天草平家	：天草版平家物語	エソポ	：エソポのハブラス
虎明狂言	：大蔵流虎明本狂言集	虎寛狂言	：大蔵流虎寛本狂言集
LAJ	：日本言語地図		

索引

お
応答詞　157
音便形　14

か
会話（文）　22, 136, 138, 156, 157, 160, 162, 164
係助詞　31, 65, 67, 84, 85, 87, 88, 90, 103, 109, 160
係り結び　9, 31, 84, 86, 88, 90–92, 109, 113, 114, 160
格　9, 25, 26, 28, 30, 31, 33, 35, 36, 42, 106, 107, 113
確言　49, 53
格助詞　9, 26, 27, 30, 32, 33, 95, 112, 113, 115, 175
確定条件　120, 122, 123, 128
額縁構造　158–160, 162
過去　54, 57, 68
語り　159, 164
語り手　158, 161, 164
活用型　14, 21, 39
活用形　15, 20, 63
活用語　13, 49, 109
仮定形　19
仮定条件　120, 124, 127, 128
可能　40–43, 45, 176
可能動詞　42, 43, 45, 176
完成相　48, 55, 56
間接受動文　36, 37
喚体（句）　7, 8, 74–80, 111, 113
感嘆文　6
感動（文）　6, 7, 8, 75, 76, 79, 80, 157
感動喚体句　7, 8, 74–76, 79
感動詞　6, 157
間投助詞　27, 32, 87
観念用法　144, 147
漢文訓読（文）　38, 41, 99, 101, 162
願望　15, 66, 77–79
完了　56, 128

き
聞き手　131, 135, 136, 138, 140, 144, 147, 163
希求　7, 8, 77, 78, 126
危惧　67
既然相　48, 56
希望喚体句　7, 8, 77–80
疑問詞疑問文　5, 84, 87, 89
疑問（文）　5, 7, 10, 67, 84, 86–89, 92
逆接　18, 86, 89, 120, 123, 124, 165
求心的　171–173
強意　56, 109
強活用　14, 15, 21, 36, 38, 40
強調　83–86, 88, 90, 109
極限　94, 96, 97, 102, 103
禁止　6

あ
アスペクト　16, 48, 50, 56, 62, 110, 126, 164, 170, 175

い
意志　61
已然形　18, 19, 65, 89, 122, 123, 125, 127
一語文　75–77, 79, 80
移動動詞　148
意味役割　28, 33, 43

う
ヴォイス　15, 36, 39, 41, 42
受身　39–41, 43
有情物　37, 167, 168, 169

え
詠嘆　57, 66, 67, 69, 87
エピステミックモダリティ　69
婉曲　62, 63
遠心的　171–173

く
句　7, 97

195

偶然条件　122
ク活用　19
ク語法　66, 107

け

敬意　135, 136, 139, 140
敬意逓減の法則　139
形容詞述語　164
結果相　48
原因推量　61
現在　57, 58, 60
謙譲語　134–136, 139, 140, 149
謙譲語Ⅰ　140
謙譲語Ⅱ　135, 140
限定　94, 96, 97, 101–103
現場指示　144–146, 152

こ

交替式敬語　132, 134
口語(的)、口頭語　23, 101, 151, 162
恒常条件　122, 124, 128
語幹　19, 22, 39, 74, 127
コピュラ文　110, 114

し

使役(文)　38–41, 43, 44, 46
シク活用　19
自敬敬語　137, 138
指示詞　144, 153, 161, 162
指示代名詞　145, 149, 151, 152
指示副詞　152, 153

視点　35, 36, 148, 164, 171–175
自動詞　39, 41–43
自発　40, 43
弱活用　14, 15, 21, 36, 38, 40
終止形　15, 17, 62, 63, 69, 114, 124
終止形終止(文)　22, 88, 92, 113
修飾語　3
終助詞　6, 66, 73, 77, 78, 80, 87, 126, 157, 163, 164
従属節　3, 4, 26, 28, 32, 63, 90, 120–126
主格　26, 27, 32, 69, 110, 111, 113, 171
主語　2, 7, 8, 37, 43, 75, 77, 80, 109, 114, 132, 139
授受、授受動詞　148, 149, 171
主節　3, 4, 26, 32, 47, 52, 114, 122–125, 128
述語　2, 3, 7, 8, 36, 52, 53, 75, 77, 78, 84, 85, 112, 113, 115
述体(句)　7, 8, 75, 76, 78, 80
述定　8, 9, 78–80
受動(文)　36, 37, 42
主名詞　3, 106, 107, 117
順接　120, 122, 165
準体句　17, 69, 106–110, 112, 113, 117
準体助詞　108, 109, 114
照応用法　144
条件表現　16

証拠性　62
助詞ゼロ　26, 31, 32
　（→無助詞）
叙法副詞　10, 68
真偽疑問(文)　5, 87–89
心内文　136, 160

す

推定　60
推量　49, 60, 67–69, 85, 88
数量　94, 97, 98, 100, 102

せ

制止　7
節　3, 96, 112, 113, 115, 165
接続詞　152, 153, 161, 162
接続助詞　16, 17, 32, 112, 113, 115, 120, 124, 126, 127, 165, 175
絶対敬語　137, 138, 139
選択疑問文　5

そ

相互承接　65, 95
相対敬語　137–139
素材敬語　139
其他否定　102
尊敬　41, 42, 132, 133
尊敬語　133, 134, 139, 140, 148, 149
存在、存在動詞　52, 55, 167, 168, 170, 175

た

第1種副助詞　96, 97, 99, 100, 102
対格　27, 32（→目的格）
待遇（表現）　131, 139, 170
ダイクシス　144
対者敬語　136, 139
第2種副助詞　96, 97, 99, 100, 102
代名詞　108
卓立　90
他動詞　39, 41–44
他動（文）　43–46
タリ活用　20
単数　97, 98, 100, 101
単文　3
談話　109, 155, 162

ち

地の文　58, 138, 160
中立語形　132–134
中立相　48, 50, 53
直示用法　144
直接受動文　36, 37
陳述副詞　94, 98, 100

て

程度副詞　94, 97, 100
丁寧語　136, 137, 139, 140, 160
デオンティックモダリティ　69
テクスト　155, 158, 164
テンス　16, 53, 54, 56, 57, 62, 67, 110, 164, 175

伝聞　57, 63, 69, 71

と

当為的意味　64, 68
動作主　43–46, 111, 136
倒置　88, 109
とりたて　94, 102, 103

な

ナリ活用　20

に

二重敬語　133, 137, 140
二段活用の一段化　21, 22, 176
二方面敬語　139
認識的意味　64, 68
人称代名詞　149, 151

の

能動（文）　36

は

発話時　52–56, 121
話し手　8, 9, 59, 73, 78, 131, 136, 138, 144, 147–149, 171（→話者）
反語　87
反事実条件文　61, 62

ひ

卑語　170
非述定　8, 9, 78, 80

非情物　37, 46, 167–169
非直示用法　144
必然条件　122
否定　15, 68, 128
否定推量　64
標準語　109, 169–171, 176

ふ

不完成相　51, 52, 56
副詞　93, 102, 161
副詞節　165（→連用節）
副助詞　85, 93–95, 100, 101, 103
複数　98–101
複文　3, 114
不変化助動詞　65
プロミネンス　88
文章語（的）　65, 151
文法化　30, 52, 55, 174, 175
文脈指示　144–147, 151, 152

へ

平叙文　5, 7, 84
変化相　48, 53

ほ

方言　45, 62, 64, 109, 125, 141, 148, 169, 170, 173, 175–177
冒頭　158–160
補語　2, 112, 113, 115, 134, 135, 139, 140
補助動詞　133, 135, 136,

索引　197

170, 171, 174, 175
本動詞　132, 133, 135,
　　　170, 173, 175
翻訳　37, 43

み

未然形　15, 67, 120, 123
見ゆ留　62
未来　58, 60

む

無助詞　75, 111, 113
　　　（→助詞ゼロ）

め

名詞句　25, 26, 28, 30, 32,
　　　33, 43, 106, 107, 113,
　　　117
名詞述語　12, 164
名詞節　3, 4
命題　10, 123, 124, 125
命令形　6, 19
命令（文）　6, 19

も

目的格　27, 106（→対格）
目的語　37, 109
モダリティ　10, 49, 53,
　　　54, 59, 110, 123, 125,
　　　176
モダリティ形式　49, 53,
　　　60, 63, 64, 68, 69, 123,
　　　124

よ

呼びかけ　75, 157, 164

る

累加　98
類推　99

れ

例示　99
連接　67, 162, 164
連体形　17, 63, 91, 109,
　　　112–114
連体形・終止形の同一化
　　　20–22
連体形終止の一般化　88
連体形終止（文）　22, 24,
　　　76, 88, 89, 109, 113,
　　　114
連体修飾（語）　3, 74, 77,
　　　79, 80, 106
連体節　3, 4
連用形　16, 19, 62
連用修飾（語）　3, 20, 95
連用節　3, 4, 120
　　　（→副詞節）

わ

話者　48–51, 53, 121–126
　　　（→話し手）
和文　22, 99, 159

執筆者紹介

【編者】
高山善行(たかやま・よしゆき)　1・3・6 章
1961 年、愛媛県松山市生まれ。大阪大学大学院文学研究科博士課程中退。博士(文学)。現在、福井大学教育学部教授。主な業績として、『日本語モダリティの史的研究』(ひつじ書房、2002)、『シリーズ日本語史3　文法史』(共編著、岩波書店、2011)、『日本語文法史の視界―継承と発展をめざして―』(ひつじ書房、2021)がある。

青木博史(あおき・ひろふみ)　4・10・15 章
1970 年、福岡県福岡市生まれ。九州大学大学院文学研究科博士後期課程修了。博士(文学)。現在、九州大学大学院人文科学研究院教授。主な業績として、『語形成から見た日本語文法史』(ひつじ書房、2010)、『日本語文法の歴史と変化』(編著、くろしお出版、2011)、『日本語歴史統語論序説』(ひつじ書房、2016)がある。

【執筆者】
小柳智一(こやなぎ・ともかず)　9 章
1969 年、東京都目黒区生まれ。國學院大学大学院文学研究科博士課程後期修了。博士(文学)。現在、聖心女子大学現代教養学部教授。主な業績として、「副助詞研究の可能性」(『日本語文法』8-2、2008)、「『あゆひ抄』の副助詞研究」(『国語と国文学』87–1、2010)、『文法変化の研究』(くろしお出版、2018)がある。

近藤要司(こんどう・ようじ)　1・7・8 章
1954 年、愛知県名古屋市生まれ。神戸大学大学院文化学研究科博士課程単位取得退学。現在、神戸親和大学文学部教授。主な業績として、「中古語ニヤアラムの淵源」(『日本語文法史研究 3』、ひつじ書房、2016)、「中古における疑問係助詞ヤの脱疑問化について」(『言語文化研究』11、2017)、『古代語の疑問表現と感動表現の研究』(和泉書院、2019)がある。

西田隆政(にしだ・たかまさ)　13・14 章
1958 年、大阪府高槻市生まれ。大阪市立大学大学院文学研究科後期博士課程単位取得退学。現在、甲南女子大学文学部教授。主な業績として、「文構造―連接構文をめぐって―」(『講座源氏物語研究 8　源氏物語のことばと表現』おうふう、

199

2007)、「中古語指示副詞「かく」の照応用法―『枕草子』『源氏物語』を資料として―」(『日本語文法史研究 1』ひつじ書房、2012)、「役割語史研究の可能性―平安和文作品での検証―」(『国語と国文学』93-5、2016)がある。

福田嘉一郎(ふくだ・よしいちろう)　5・11 章
1963 年、大阪府豊中市生まれ。京都大学大学院文学研究科修士課程修了。博士(文学)。現在、神戸市外国語大学外国語学部教授。主な業績として、「叙想的テンスの出現条件」(『国語国文』84-5、2015)、『名詞類の文法』(共編著、くろしお出版、2016)、『日本語のテンスと叙法―現代語研究と歴史的研究―』(和泉書院、2019)がある。

吉井　健(よしい・けん)　2 章
1962 年、大阪府大阪市生まれ。大阪市立大学大学院文学研究科博士課程単位取得退学。主な業績として、「副詞「かつがつ」について」(『萬葉』177、2001)、「平安時代における可能・不可能の不均衡の問題をめぐって」(『文林』36、2002)、「忍耐語彙考」(『国語語彙史の研究 27』和泉書院、2008)がある。

米田達郎(よねだ・たつろう)　12 章
1971 年、埼玉県浦和市(現さいたま市)生まれ。大阪大学大学院文学研究科博士課程修了。博士(文学)。現在、大阪工業大学工学部教授。主な業績として、「鷺流狂言詞章保教本の対称代名詞について―オマエを中心に―」(『国語と国文学』81-6、2004)、「江戸時代中後期狂言詞章の丁寧表現について―マシテ御座ルを中心に―」(『国語国文』74-5、2005)、『鷺流狂言詞章保教本を起点とした狂言詞章の日本語学的研究』(武蔵野書院、2020)がある。

ガイドブック日本語文法史

An Introduction to the History of Japanese Grammar
Edited by Takayama Yoshiyuki and Aoki Hirofumi

発行	2010 年 4 月 20 日　初版 1 刷
	2024 年 5 月 10 日　　　　6 刷
定価	1900 円＋税
編者	©高山善行・青木博史
発行者	松本功
装幀者	向井裕一（glyph）
組版所	株式会社 ディ・トランスポート
印刷所	株式会社 シナノ
発行所	株式会社 ひつじ書房
	〒112-0011 東京都文京区千石 2-1-2 大和ビル 2 階
	Tel.03-5319-4916　Fax.03-5319-4917
	郵便振替 00120-8-142852
	toiawase@hituzi.co.jp　https://www.hituzi.co.jp/

ISBN978-4-89476-489-7

造本には充分注意しておりますが、落丁・乱丁などがございましたら、小社かお買上げ書店にておとりかえいたします。ご意見、ご感想など、小社までお寄せ下されば幸いです。

基礎日本語学　第2版

衣畑智秀編　定価1,800円＋税

初版刊行後要望の多かった「文字・表記」の章を加えリニューアル。日本語学の諸分野を包括的にカバーする入門書。音韻、文法、語彙、表記、文体の共時的・通時的記述とともに方言やコーパス、日本語学史、理論的研究についても解説。簡潔ながらも要点を押さえた記述で諸分野の導入を図るとともに読書案内も付し、ますます日本語学が学びたくなる一冊。執筆者：五十嵐陽介、平子達也、衣畑智秀、金愛蘭、橋本行洋、澤田浩子、田中牧郎、平塚雄亮、佐野真一郎、窪田悠介、山東功

日本語文法史キーワード事典

青木博史・高山善行編　定価2,000円＋税

文法史研究は、多様な研究成果が公表され、日本語学の中で最も活気のある分野の一つである。しかし、その一方で細分化・専門化により研究の全体像が見えにくくなってきている面もある。本書は、日本語文法史に関わる77のキーワードをとりあげ、文法史研究者による解説をおこなう。解説はコンパクトにまとめることで気軽に要点を知ることができ、研究者のみならず文法について学びたい一般読者にも最適な一冊。